Jens Hujer

Regionalökonomische Effekte von Flughäfen

PETER LANG
Internationaler Verlag der Wissenschaften

Bibliografische Information der Deutschen Nationalbibliothek
Die Deutsche Nationalbibliothek verzeichnet diese Publikation
in der Deutschen Nationalbibliografie; detaillierte bibliografische
Daten sind im Internet über <http://www.d-nb.de> abrufbar.

Zugl.: Darmstadt, Techn. Univ., Diss., 2007

Gedruckt auf alterungsbeständigem,
säurefreiem Papier.

D 17
ISSN 0172-1747
ISBN 978-3-631-57449-2

© Peter Lang GmbH
Internationaler Verlag der Wissenschaften
Frankfurt am Main 2008
Alle Rechte vorbehalten.

Regionalökonomische Effekte von Flughäfen

Sozialökonomische Schriften

Herausgegeben von Bert Rürup

Band 31

PETER LANG

Frankfurt am Main · Berlin · Bern · Bruxelles · New York · Oxford · Wien

DANKSAGUNG

An dieser Stelle möchte ich die Gelegenheit nutzen, um all denjenigen meinen herzlichen Dank auszusprechen, die zum Gelingen dieser Arbeit beigetragen haben.

Zunächst gilt mein besonderer Dank Herrn Prof. Dr. Dr. h.c. Bert Rürup für die Anregung zur Bearbeitung eines hoch interessanten Themas und für die engagierte Betreuung meines Promotionsvorhabens.

Dank gilt auch Herrn Prof. Dr. Volker Caspari für wertvolle Hinweise und die Erstellung des Zweitgutachtens.

Herzlichen Dank möchte ich meinen Eltern aussprechen, die mich sowohl während meines Studiums als auch in meiner Promotionszeit in vielfältiger Weise unterstützt haben.

Ein ganz besonderer Dank geht an meine Frau Michèle und meine Tochter Maja Kamea für die liebevolle und geduldige Unterstützung und den Verzicht auf viele gemeinsame Stunden.

Darmstadt, im Oktober 2007

INHALTSVERZEICHNIS

9

ABBILDUNGSVERZEICHNIS

TABELLENVERZEICHNIS

12

1 Zielsetzung und Problemstellung

Die ökonomische Bedeutung von Flughäfen hat in den letzten zwanzig Jahren weltweit stetig zugenommen und ist für die infrastrukturelle Entwicklung der einzelnen Länder von zentralem Interesse. Dazu trägt in besonderem Maße auch die zunehmende Tendenz sowohl zur Bildung internationaler Netzwerke als auch zur ökonomischen, sozialen und kulturellen Integration bei.

Auch die Mobilität der Einsatzfaktoren, wie namentlich qualifizierte Arbeit, Rohstoffe und Vorleistungsprodukte, nimmt weltweit zu und erfordert leistungsfähige Verkehrssysteme, insbesondere jedoch Luftverkehrsverbindungen. Dem Flughafen kommt deshalb als Standortfaktor eine hohe Priorität zu. Betrachtet man die ökonomische Bedeutung der Flughäfen unter internationalen, nationalen und regionalen Aspekten, so haben sich Flughäfen zu Wachstumspolen entwickelt, deren Aktivitäten Multiplikatorwirkungen auslösen und zu ökonomisch bedeutsamen Beschäftigungs-, Einkommens - und Steuereffekten führen.

In diesem Zusammenhang ergibt sich die Frage nach einer Erhöhung des Angebots an Luftverkehrsleistungen durch Optimierung der bestehenden Kapazitäten oder durch den Ausbau einzelner Flughäfen. Da diese Entscheidungen von zentraler gesellschaftlicher Bedeutung für die Gesamtwirtschaft und insbesondere für das Flughafenumland sind, ist es notwendig, verschiedene Alternativen des Ausbaus oder der Optimierung im Hinblick auf die Konsequenzen miteinander zu vergleichen.

Das Ziel dieser Arbeit ist es, einen umfassenden ökonomischen Bewertungsansatz zu diskutieren, wie ökonomische Effekte von Flughäfen gemessen werden können, der sowohl die unterschiedlichen Nutzen- als auch Kostenkategorien beinhaltet. Die Anwendung für ausgewählte ökonomische Wirkungen erfolgt für den Flughafen München.

Für die empirische Analyse sind die Probleme einer validen Operationalisierung und Messung der direkten, indirekten, induzierten und katalytischen Nutzeneffekte, aber auch der externen Kosteneffekte zu behandeln. Dabei sind die verschiedenen Konzepte für die Abgrenzung der Effekte sowie die Probleme der Vergleichbarkeit, der Quantifizierung und Gewichtung zu bewerten. Besondere Bedeutung erhält dabei die empirische Erfassung der katalytischen Effekte, die insbesondere die Standortattraktivität widerspiegeln. Probleme der Messung ergeben sich auch bei der Ermittlung der externen Effekte, vor allem bei der Aggregation und Gewichtung verschiedener Kostenkategorien.

Zur Schätzung der Nutzen-und Kosteneffekte werden verschiedene methodische Ansätze vergleichend bewertet und als Methoden-Mix verwendet. Das methodische Instrumentarium umfasst die Input-Output-Rechnung, ökonometrische und statistische Modelle sowie Kosten-Nutzen-Rechnungen.

In einer empirischen Analyse der ökonomischen Effekte werden auf der Grundlage aktuell verfügbarer Daten wichtige Aspekte der Operationalisierungs- und Messkonzepte sowie geeignete methodische Ansätze behandelt.

Dabei werden zunächst die Erfahrungen und Ergebnisse aus anderen vergleichbaren Studien für Flughäfen in den USA und Kanada, in Europa und Deutschland ausgewertet und vergleichend diskutiert. Die Berechnungen der Produktions-, Wertschöpfungs-, Einkommens- und Beschäftigungswirkungen der Flughafenaktivitäten sind besonders wichtig, um die Bedeutung der ökonomischen Impulse am Beispiel des Flughafens München für das Flughafenumland und die Gesamtwirtschaft beurteilen und die Multiplikatorwirkungen abschätzen zu können. Eine Szenario-Analyse für 2020 auf der Grundlage von Planzahlen für Passagiere, Fracht und Flugbewegungen soll schließlich vor allem die zu erwartende Differenz zwischen dem Planungsfall, einem möglichen Flughafenausbau, und dem Prognosenullfall, der Fortschreibung des Status-quo, ermittelt und die Konsequenzen für zukünftige Verkehrskonzepte aufzeigen.

Entsprechend der Zielsetzung gliedert sich die Arbeit in folgende Kapitel:Im 2. Kapitel werden die Probleme und die methodischen Ansätze der Operationalisierung und Messung von ökonomischen Effekten im Hinblick auf Kosten und Nutzen der Flughafenaktivitäten diskutiert. Danach werden die methodischen Ansätze zur Quantifizierung der ökonomischen Wirkungen sowie die praktische Umsetzung behandelt. Die bisher für Deutschland, Europa und die USA vorgelegten empirischen Studien werden im Kapitel 4 dargestellt und die Ergebnisse vergleichend bewertet. In einer empirischen Studie werden schließlich die ökonomischen Effekte des Flughafens München für Deutschland und das Flughafenumland ermittelt und Prognosen diskutiert. Kapitel 6 beinhaltet ein Fazit und einen kurzen Ausblick auf zukünftige Forschungsfelder im Luftverkehr.

2 Operationalisierung und Messung von Nutzen- und Kosteneffekten

Die gesamtwirtschaftlichen bzw. regionalen Effekte von Flughäfen beinhalten sowohl Nutzen als auch externe Kosten der Wertschöpfungskette. Es ist daher zunächst ein umfassender konzeptioneller Ansatz zu diskutieren, der alle Nutzen- und Kostenarten und damit die unterschiedlichen Effekte der ökonomischen Aktivitäten enthält. Für eine empirische Erfassung muss jedoch das Problem einer validen Messung und Quantifizierung behandelt werden.

2.1 Operationalisierung von Nutzeneffekten

Bulwien (2003) typisiert in seiner Studie die ökonomischen Effekte nach dem Nutzen aus Leistungserstellung, Leistungsinanspruchnahme und leistungsexternen Effekten. Die Leistungserstellung umfasst alle Aktivitäten der Unternehmen, die den Flughafen als Infrastruktureinrichtung unterhalten, so beispielsweise die Flughafenbetreiber, die Fluggesellschaften sowie alle am Flughafen tätige Unternehmen, wie Hotels, Gaststätten, Autoverleihfirmen usw. Die Wertschöpfung resultiert einerseits aus einer möglichen Bauphase (Bau einer zusätzlichen Start- und Landebahn, Bau eines weiteren Terminals) und der Betriebsphase. Daraus ergeben sich Nutzen aus Gewinnen, Zinsen, Einkommen, zusätzliche Steuereinnahmen sowie zusätzlicher Beschäftigung bzw. Verringerung der Arbeitslosigkeit. Daneben weist Bulwien (2003) auch auf zusätzliche Effekte hin, die bei einem Ausbau oder einer Modernisierung des Flughafens entstehen, wie beispielsweise Nutzen aus effizienteren Arbeitsabläufen und Einsatz von innovativen technischen Entwicklungen.

Bei den Effekten der Leistungsinanspruchnahme kann zwischen den Nutzen für Konsumenten und für Produzenten unterschieden werden. Die Konsumenten profitieren beispielsweise von der größeren Warenvielfalt durch den Luftverkehr, durch Zeitersparnisse im Reiseverkehr und die Erweiterung der Reisemöglichkeiten. Der Nutzen der Produzenten besteht z. B. in der Erschließung neuer Märkte, in der günstigeren Verwendung von Leistungen, in der Nutzung von Innovationsnetzwerken sowie der Wertschöpfung von zusätzlich angesiedelten flughafenaffinen Unternehmen.

Leistungsexterne Effekte resultieren aus den Standortvorteilen, die durch den Flughafen entstehen, so beispielsweise durch eine verbesserte Verkehrsinfrastruktur oder eine Steigerung des Images der Region.

Die Nutzen der Leistungserstellung, Leistungsinanspruchnahme und die leistungsexternen Effekte können auch als direkte, indirekte, induzierte und katalytische Effekte operationalisiert werden (siehe Abbildung 1).

Direkte Effekte des Flughafens sind die Investitionen, die laufenden Betriebsausgaben, Einkommen und Beschäftigung von Unternehmen sowohl innerhalb des Flughafengeländes („on-site") als auch außerhalb des Flughafengeländes mit einer ökonomischen oder geographischen Affinität zum Flughafen („off-site").

18

Abbildung 1: Der Flughafen als Wirtschaftsfaktor für die Region: Ökonomische Wir-kungskomponenten

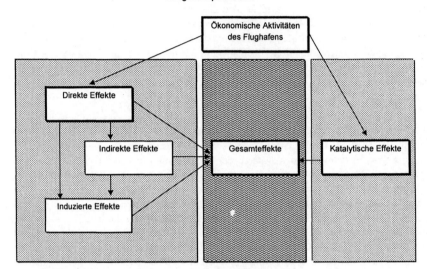

Diese Abgrenzung (vgl. ACI 1998, ACI 2000) wird zumeist in den empirischen Studien für Europa und die USA verwendet (vgl. ACI 1998, ACI 2002, ACI 2004). Die für Deutschland verfügbaren Studien für Hannover, Nürnberg, München, Frankfurt/M, Köln und Hamburg (Hübl, et al. 2001, Bulwien 1998a, Bulwien 1998b, Bulwien, et al. 1999, Baum, et al. 1998, Aring 2001) haben für die empirische Analyse der ökonomischen Effekte die engere Abgrenzung („on-site") verwendet, da eine Erfassung der flughafenaffinen Unternehmen im Umland des Flughafens problematisch ist. Zunächst ist dabei zu definieren, welche Kriterien für die Abgrenzung gewählt werden. Pagnia (1992) legt in seiner Studie einen Affinitätsgrenzwert im Hinblick auf den Einfluss der Flughafennähe fest, der aus den Befragungsergebnissen der Unternehmen im Umland des Flughafens Düsseldorf und Köln/Bonn abgeleitet wurde. Baum, et al. (1998) definieren in ihrer Studie als flughafenaffin solche Unternehmen, „die den Flughafen als unabdingbar ansehen und entweder bei Einschränkung des Flugbetriebs abwandern würden, oder bei Nicht-Existenz des Flughafens sich woanders angesiedelt hätten."(S. 182).

In einer Studie für den Flughafen Leipzig/Halle hat Konopka (2001, S. 64) drei Kriterien für luftverkehrsaffine Unternehmen genannt:

- Der Standort des Unternehmens befindet sich im Flughafenverflechtungsbereich.
- Das Unternehmen erzielt durch die Nutzung des Flughafens (für Geschäftsreisen und/oder Luftfrachttransporte) komparative Vorteile.
- Das Unternehmen bezeichnet selbst als luftverkehrsaffin.

- Als Flughafenverflechtungsbereich wird von Konopka (2001) vorgeschlagen, das Untersuchungsgebiet zu wählen, das vom Flughafen Leipzig/Halle in 60 Minuten per PKW (Verflechtungsbereich I) oder in 90 Minuten per LKW (Verflechtungsbereich II) zu erreichen ist.

Die Problematik bei der Datenerhebung zur Ermittlung des Beitrags flugverkehrsaffiner Unternehmen besteht darin, dass

1. eine einheitliche Abgrenzung des Flughafenumlandes (z. B. Erreichbarkeit in 30 Minuten) gefunden werden muss.
2. eine geeignete Definition für Flughafenaffinität auszuwählen ist.
3. die Grundgesamtheit der Unternehmen in dieser Region verfügbar ist und eine möglichst geschichtete Zufallsstichprobe ausgewählt werden kann, um die Repräsentativität zu sichern.
4. die Antwortbereitschaft der Unternehmen im Hinblick auf die statistische Erhebung zu Investitionen, Betriebsausgaben und Arbeitsplätzen möglichst hoch sein sollte, um Verzerrungen bei der Hochrechnung der Ergebnisse vermeiden bzw. minimieren zu können.

Die direkten Effekte beziehen sich zunächst auf den Kernbetrieb des Flughafens, die unmittelbar mit der Durchführung des Flugverkehrs verbunden sind. Dazu gehören (Bulwien 2003):

- Luftverkehrsgesellschaften
- Bodenverkehrsdienste
- Flugsicherung
- Hoheitliche Aufgaben (Polizei, Zoll, Bundesgrenzschutz, u. a.)
- Wartungsdienste
- Catering.

Neben diesen Kerntätigkeiten gehören zu den direkten Effekten auch die Aktivitäten, die nicht unmittelbar mit dem Flugverkehr zusammenhängen, aber auf den Flughafen angewiesen sind, so beispielsweise

- Speditionen
- Reisebüros
- Dienstleistungsunternehmen (Banken, ärztliche Versorgung, u. a.)
- Hotels und Gastronomie
- Autovermietungsgesellschaften
- Parkhäuser
- Vermietung von Konferenzräumen.

Gerade in der politischen Diskussion wird oftmals nicht beachtet, dass nicht nur die direkten Effekte von entscheidender ökonomischer Bedeutung sind, sondern auch die indirekten und induzierten Effekte ermittelt und diskutiert werden müssen, um geplante Maßnahmen, beispielsweise Ausbau und Optimierung der Flughafenaktivitäten, rational bewerten zu können.

Indirekte Effekte entstehen in der Gesamtwirtschaft und den einzelnen Regionen dadurch, dass durch die Unternehmen am Flughafen Aufträge an Unternehmen im Flughafenumland, in Deutschland und im Ausland vergeben werden, die wiederum Vorleistungen von anderen Unternehmen beziehen und somit in einer Wertschöpfungskette zu Multiplikatoreffekten führen. Daraus resultieren zusätzliche Produktion, zusätzliches Einkommen und zusätzliche Arbeitsplätze sowie auch fiskalische Wirkungen.

Neben den indirekten Effekten entstehen auch induzierte Effekte, die insbesondere aufgrund von Multiplikatorwirkungen der Konsumausgaben entstehen. Durch die Konsumausgaben der Flughafenbeschäftigten und der Arbeitnehmer, die für Aufträge der Flughafen-Arbeitsstätten tätig sind, entstehen wiederum zusätzlich Produktion, Einkommen, Arbeitsplätze und Steuern in der Wertschöpfungskette.

Direkte, indirekte und induzierte Effekte entstehen insbesondere bei der Leistungserstellung (Bulwien, 2003). In dieser Systematik werden jedoch Anpassungsreaktionen auf Veränderungen der Produktionsstruktur nicht erfasst, wie beispielsweise Produktivitätsgewinne von Unternehmen, Erträge aus Kuppelproduktion oder Veränderungen in der Qualität der Vorleistungen.

Effekte aus der Leistungsinanspruchnahme und leistungsexterne Effekte sind vor allem Standorteffekte oder katalytische Effekte. Eine Operationalisierung und Messung dieser Effekte ist außerordentlich schwierig, da Einflussgrößen wie Image, Qualität der Verkehrsinfrastruktur, Zugang zu Märkten, Lebensqualität und andere qualitative Merkmale vor allem weiche Standortfaktoren sind. Obzwar eine exakte Quantifizierung in Werteinheiten problematisch ist, sind sie ein bedeutsamer Aspekt in einem multidimensionalem Bewertungssystem für den Vergleich von Flughäfen bzw. für die Beurteilung wichtiger Veränderungen bei der Entwicklung eines Flughafens (z. B. Ausbau vs. Nicht-Ausbau).

2.2 Messung von Nutzeneffekten

Die direkten Effekte aus der Leistungserstellung sind zunächst durch Befragungen der Unternehmen auf dem Flughafen in Bezug auf die Investitionen und die laufenden Betriebsausgaben sowie die Lohn- und Gehaltssummen und die Anzahl der Beschäftigten bzw. das Arbeitsvolumen pro Jahr zu ermitteln. Für die Investitionen und laufenden Betriebsausgaben ist eine Differenzierung nach Sektoren und Regionen notwendig, um einerseits die interindustriellen Verflechtungswirkungen mit Hilfe der Input-Output-Analyse modellieren zu können und andererseits die regionalen Beschäftigungs- und Einkommenseffekte zu berechnen.

Sollen für die Ermittlung der direkten Effekte auch die flughafenaffinen Betriebe berücksichtigt werden, so ist neben der inhaltlichen Definition von Flughafenaffinität eine räumliche Abgrenzung des Flughafenumlandes notwendig.

Bulwien, et al. (1999) haben im Rahmen des Mediationsverfahrens für den Flughafen Frankfurt/M. insgesamt 584 Unternehmen im Flughafenumland befragt, die Rücklaufquote betrug allerdings nur 10,3%. Von den 60 Unternehmen gaben jedoch nur 27 an, mindestens 50% ihrer Unternehmensaktivitäten mit dem Flughafen abzuwickeln.

Baum, et al. (1998) befragten in einer Studie für den Flughafen Köln/Bonn insgesamt 3.323 Unternehmen im Flughafenumland, davon antworteten 831. Damit konnte eine Rücklaufquote von 25% erreicht werden. Für knapp 10% der Unternehmen mit 6,7% der Arbeitsplätze ist der Flughafen ein unabdingbarer Standortvorteil. Diese Unternehmen wurden jedoch nicht nach den Investitionen und laufenden Betriebsausgaben befragt, da lediglich die auf dem Flughafen tätigen Unternehmen den direkten Effekten zugerechnet wurden. Die quantitative Ermittlung der indirekten und induzierten Effekte erfolgt im Allgemeinen aufgrund des Modells der Input-Output-Analyse.

Eine Messung der katalytischen Effekte bzw. Standorteffekte ist ungleich schwieriger, da sie oft nur in qualitativen Dimensionen erfassbar sind. Insbesondere in den empirischen Studien für Deutschland werden die ökonomischen Aktivitäten flughafenaffiner Unternehmen den katalytischen Effekten zugerechnet. So unterscheidet Pagnia (1992) folgende wichtige Standortfaktoren:

- Nähe zu Beschaffungs- und Absatzmärkten
- Nähe zum Flughafen
- Strassen- und Bahnanschluss
- Verfügbarkeit von qualifizierten Arbeitskräften
- Arbeitskosten
- Telekommunikationsinfrastruktur
- Energieversorgung
- Forschungseinrichtungen
- Verfügbarkeit von Gewerbeflächen
- Nähe zu Betrieben gleicher Branche
- Nähe zu Betrieben fremder Branchen.

Aufgrund einer Befragung von 3.762 Unternehmen (Rücklaufquote 28,6%) in Nordrhein-Westfalen im Jahre 1991 konnte Pagnia (1992) eine detaillierte empirische Analyse der Bedeutung der einzelnen Standortfaktoren für die Unternehmen vorlegen. Die Stärke des Einflusses der Flughafennähe auf die betriebliche Standortpolitik ist Tabelle 1 zu entnehmen.

In der Untersuchung von Baum, et al. (1998) für den Flughafen Köln/Bonn auf der Basis einer Unternehmensbefragung von 831 Firmen der Industrie- und Handelskammer Köln und Bonn wurde die Nähe zum Flughafen Köln/Bonn ebenfalls auf Rang 7 eingestuft, wenn man die Antworten aller Unternehmen zugrunde legt (siehe Tabelle 2).

Bei der Einschätzung der Flughafennähe als Standortfaktor ergibt sich, dass 25,5% den Flughafen als unabdingbar bezeichnen. Jedoch würden nur 9,4% den Standort wechseln, wenn der Flugbetrieb eingeschränkt würde. Nur 11,7% hätten schließlich ohne den Flughafen einen anderen Standort gewählt.

Tabelle 1: Bedeutung von Standortfaktoren im Umland der Flughäfen Düsseldorf und Köln/Bonn

	Rang
Straßen-, Bahnanschluss	1
Qualifizierte Arbeitskräfte	2
Telekommunikation	3
Arbeitskosten	4
Nähe Absatzmarkt	5
Gewerbeflächen	6
Nähe Flughafen	7
Energieversorgung	8
Nähe Beschaffung	9
Kultur, Freizeit	10
Betriebe fremder Branchen	11
Forschungseinrichtungen	12
Betriebe gleicher Branche	13

Quelle: Pagnia, 1992, S. 122

Vergleicht man die Einschätzungen der Standortfaktoren durch Industrie- und Dienstleistungsunternehmen, so wird deutlich, dass die Flughafennähe für Dienstleistungsunternehmen vergleichsweise wichtiger ist (Tabelle 3). Dienstleistungsunternehmen ordnen die Verkehrsanbindung durch den Flughafen Köln / Bonn auf Rang 5 ein, während Industrieunternehmen für dieses Kriterium im Durchschnitt den 7. Rang vergeben.

Eine Quantifizierung der Standorteffekte in monetären Einheiten ist nur begrenzt möglich, da eine Bewertung der einzelnen Standortfaktoren, wie Image, Flughafennähe, Verkehrsanbindung, Nähe zu Forschungseinrichtungen für Personen und Unternehmen sehr unterschiedlich ist und positive und negative Standorteffekte nicht in einem formalisierten Verrechnungsschema gegenübergestellt werden können.

Sicherlich ist es in Teilbereichen möglich, Kosten und Nutzen in quantitativen Einheiten gegenüberzustellen, beispielsweise Substitution des Luftverkehrs durch alternative Verkehrsträger (Baum, et al. 1999, S. 90 ff). Eine Quantifizierung insbesondere der vielfältigen weichen Standortfaktoren ist jedoch problematisch.

In der empirischen Studie von Konopka (2001) für den Flughafen Leipzig/Halle wurden zur Analyse des Beitrags flugverkehrsaffiner Unternehmen eine Unternehmensbefragung in einem abgegrenzten Untersuchungsgebiet (60-Minuten per PKW, 90 Min. per LKW) im Jahre 1997 durchgeführt.

Tabelle 2: Bedeutung von Standortfaktoren des Flughafens Köln/Bonn für Unternehmen im Flughafenumland

	Arithmetisches Mittel	Rang
Verkehrsanbindung durch die Straße	1,60	1
Verfügbarkeit von qualifizierten Arbeitskräften	2,17	2
Arbeitskosten	2,32	3
Nähe zum Absatzmarkt	2,67	4
Örtliche Steuern	2,72	5
Verfügbarkeit von Gewerbeflächen	2,96	6
Verkehrsanbindung durch den Flughafen Köln/Bonn	3,00	7
Nähe zum Beschaffungsmarkt	3,18	8
Verkehrsanbindung durch die Schiene	3,57	9
Verkehrsanbindung durch den Flughafen Düsseldorf	3,86	10
Verkehrsanbindung durch den Flughafen Frankfurt/M	4,14	11
Forschungseinrichtungen am Standort	4,27	12
Nähe zu Betrieben der gleichen Branche	4,29	13
Verkehrsanbindung durch Wasserstraßen	5,33	14

Anmerkung: Skala 1 bis 6, wobei 1=sehr wichtig, 6=unwichtig

Quelle: Baum, et al.,1998

Insgesamt haben 1.152 Unternehmen geantwortet, dies entspricht einer Rücklaufquote von 29,7 %. Die luftverkehrsaffinen Betriebe werden nach den Kriterien

• Standort im Untersuchungsbereich
• Nutzungsintensität des Flughafens

- subjektive Einschätzung der Unternehmen im Hinblick auf Luftverkehrsaffinität in 5
  Kategorien (unbedingt notwendig, sehr wichtig, wichtig, weniger wichtig, überhaupt
  nicht wichtig)

eingeteilt.

Tabelle 3: Vergleich der Bedeutung von Standortfaktoren für Industrie- und Dienstleistungsunternehmen

	Industrieunternehmen		Dienstleistungs-unternehmen	
	Arithm. Mittel	Rang	Arithm. Mittel	Rang
Verkehrsanbindung durch die Straße	1,52	1	1,77	1
Verfügbarkeit von qualifizierten Arbeitskräften	2,25	2	2,09	2
Arbeitskosten	2,27	3	2,53	3
Nähe zum Absatzmarkt	2,63	4	3,04	6
Örtliche Steuern	2,76	5	2,96	4
Verfügbarkeit von Gewerbeflächen	2,89	6	3,31	8
Verkehrsanbindung durch den Flughafen Köln/Bonn	2,94	7	3,01	5
Nähe zum Beschaffungsmarkt	3,08	8	3,37	9
Verkehrsanbindung durch die Schiene	3,75	9	3,89	10
Verkehrsanbindung durch den Flughafen Düsseldorf	3,80	10	3,05	7
Verkehrsanbindung durch den Flughafen Frankfurt/M	4,00	11	4,40	12
Forschungseinrichtungen am Standort	4,12	12	4,44	13
Nähe zu Betrieben der gleichen Branche	4,32	13	4,22	11
Verkehrsanbindung durch Wasserstraßen	5,32	14	5,56	14

Anmerkung: Skala 1 bis 6, wobei 1=sehr wichtig, 6=unwichtig

Quelle: Baum, et al., 1998

Tabelle 4: Merkmalsgrenzen luftverkehrsaffiner Unternehmen

Subjektive Einschätzung der Unternehmen	Flüge der Mitarbeiter (absolut)	Flüge der Mitarbeiter (pro Mitarbeiter)	Flüge der Gäste (absolut)	Kategorie
„unbedingt notwendig"	25	1,69	15	A luftverkehrsaffin
„sehr wichtig"	15	1,67	10	B luftverkehrsaffin
„wichtig"	7	0,66	8	C tendenziell luftverkehrsaffin
„weniger wichtig"	1	0,11	2	D luftverkehrsneutral
„überhaupt nicht wichtig"	< 1	< 0,11	< 2	E luftverkehrsneutral
	Flüge der Gäste (pro Mitarbeiter)	Flugziele	Luftfracht	
„unbedingt notwendig"	1,29	mindestens ein interkontinentales Ziel	800 kg	A luftverkehrsaffin
„sehr wichtig"	1,25	mindestens ein europäisches Ziel	300 kg	B luftverkehrsaffin
„wichtig"	0,63	mehrere nationale Ziele	250 kg	C tendenziell luftverkehrsaffin
„weniger wichtig"	0,11	mindestens ein nationales Ziel	10 kg	D luftverkehrsneutral
„überhaupt nicht wichtig"	< 0,11	keine Angaben	< 10 kg	E luftverkehrsneutral

Quelle: Konopka, 2001, S. 114

Zur genaueren Differenzierung dienen sechs Merkmale (Konopka, 2001, S. 111):

- Anzahl der Flüge der Mitarbeiter in einem Jahr (absolut)
- Anzahl der durchschnittlichen Flüge pro Mitarbeiter in einem Jahr
- Anzahl der Flüge von Gästen (absolut)
- Anzahl der Flüge von Gästen pro Mitarbeiter in einem Jahr
- Wichtigste Flugziele
- Luftfracht pro Jahr.

Die gewählte Abgrenzung ist in Tabelle 4 zusammengestellt.

Für Hotels/Gasthäuser wurde als Kriterium die Zahl der Übernachtungen internationaler Gäste, für Transportunternehmen die Menge der beförderten Fracht gewählt. Die Ergebnisse einer Hochrechnung auf 3878 Unternehmen im Hinblick auf den Beitrag der luftverkehrsaffinen Unternehmen für Beschäftigung und Umsatz sind aus Tabelle 5 ersichtlich.

Die luftverkehrsaffinen Unternehmen haben einen Anteil von 15,7%, der Anteil der Mitarbeiter wird auf 18,5 % und der Anteil des Umsatzes auf 22,9 % geschätzt. Dies bedeutet, dass insbesondere umsatzstärkere Unternehmen vom Flughafen profitieren.

Tabelle 5: Wirtschaftliche Bedeutung luftverkehrsaffiner Unternehmen im Flughafenumland Leipzig/Halle

	Luftverkehrsaffine Unternehmen	Luftverkehrsneutrale Unternehmen	Insgesamt
Anzahl der Unternehmen (Hochrechnung)	608	3 270	3 878
Anzahl der Unternehmen (%)	15,7	84,3	100
Anzahl der Mitarbeiter	15 500-17 420	71 960-73 250	87 460-90 670
Mitarbeiter (%)	18,5	81,5	100
Umsatz pro Jahr in Mio. DM	4 335-5 250	15 830-16 500	20 165-21 750
Umsatz pro Jahr (%)	22,9	77,1	100

Quelle: Konopka, 2001, S. 131

In einer Studie der Air Transport Action Group (ATAG) (2005, S. 9 ff.) werden die katalytischen Effekte in einem umfassenden Konzept beschrieben. Hierzu zählen die Wirkungen des Luftverkehrs im Hinblick auf folgende Bereiche:

1. Der weltweite Handel wird gefördert und erleichtert, indem Unternehmen durch die Globalisierung der Produktion auf den Weltmärkten konkurrieren und sich komparative Vorteile durch Spezialisierung ergeben können.
2. Für das starke Wachstum des Tourismus ist der Luftverkehr von zentraler Bedeutung. Die Ausgaben der Touristen führen zu direkten, indirekten und induzierten wirtschaftlichen Effekten.
3. Die Produktivität wächst weltweit, da Skaleneffekte entstehen, Kosten reduziert werden können und die Effizienz durch zunehmenden Wettbewerb gesteigert wird.
4. Die Effizienz in den Wertschöpfungsketten kann dadurch verbessert werden, dass die Transportzeiten verringert werden können und die Kundenzufriedenheit durch schnelle und zuverlässige Lieferung verbessert werden kann.
5. Investitionen internationaler Unternehmen können durch verbesserte Transportwege gefördert werden.

6. Durch effektive Netzwerke und Zusammenarbeit zwischen international tätigen Unternehmen können Innovationen schneller Marktreife erlangen und praktisch umgesetzt werden.

7. Die Konsumenten profitieren von einer verbesserten Infrastruktur, z. B. durch ein breites Spektrum der Reisemöglichkeiten oder durch die schnelle Verfügbarkeit einer Produktvielfalt.

Abbildung 2: Effekte des Tourismus durch den Luftverkehr auf die Beschäftigung

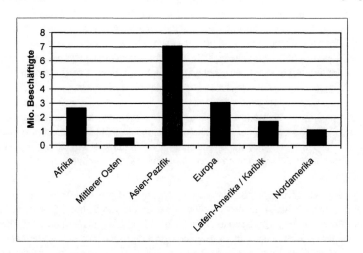

Quelle: Air Transport Action Group (ATAG), 2005, S. 19

Die einzelnen Elemente der katalytischen Effekte werden in der Studie der Air Transport Action Group (2005) in der qualitativen Bedeutung aufgrund von Umfragen beurteilt, lediglich die Effekte des Tourismus durch den Luftverkehr werden quantitativ geschätzt.

Für die Region Asien-Pazifik wird dieser Effekt auf rund 7 Mio. Beschäftigte, für Europa auf 3 Mio. und für Nordamerika auf 1,1 Mio. Beschäftigte geschätzt. Weltweit ergibt sich aufgrund dieser Schätzung ein vom Tourismus abhängiger katalytischer Effekt von 16,2 Mio. Beschäftigten (Abbildung 2).

In einer Studie für Europa nennen Cooper, Smith (2005) drei Bereiche katalytischer Effekte:

- Wohlfahrt des Konsumenten
- Umwelteinflüsse und soziale Wirkungen
- Ökonomische „spillover"- Effekte.

Für diese ökonomischen „spillover"- Effekte wird ein quantitatives Messkonzept entwickelt. Die ökonomischen katalytischen Wirkungen des Luftverkehrs werden definiert als „the net economic effects (e.g. on employment, incomes, government finance etc.) resulting from the contribution of air transport to tourism and trade (demand-side effects) and the contribution to GDP of growth in air transport usage (the supply-side performance of the economy)" (Cooper, Smith, 2005, S. 16). Die angebotsseitigen Spillovers umfassen:

- Wirkungen auf die Investitionen der Unternehmen, insbesondere deren Standortentscheidungen: Dabei ist die Qualität der Verkehrsverbindungen von hoher Bedeutung für die regionale Attraktivität. Es ist jedoch zu beachten, dass die Unternehmen nach den Kriterien der Standortattraktivität im globalen Wettbewerb ihre Entscheidungen über zukünftige Investitionen und Technologietransfers treffen.
- Wirkungen auf das Arbeitsangebot: Gute Verkehrsverbindungen ermöglichen es, qualifizierte Arbeitskräfte anzuziehen und die Mobilität der Arbeit zu erhöhen.
- Wirkungen auf die Produktivität, Steigerung der Skalenerträge und Rationalisierungsgewinne in der Produktion.
- Wirkungen auf die Marktstruktur und die Innovation: Weltweite Verkehrsnetze fördern den Wettbewerb der Unternehmen, fördern die Effizienz und Spezialisierung und können Monopolgewinne reduzieren. Der Wettbewerbsdruck führt zu höheren Ausgaben für Forschung und Entwicklung und damit zu verstärkten Innovationsaktivitäten.

Als Nachfrage-Spillover-Effekte werden die Wirkungen durch den Tourismus und den Handel quantifiziert. Als „Touristen" werden in der Studie von Cooper, Smith (2005) Geschäfts-, Privat- und Urlaubsreisende erfasst, die das Flugzeug als Verkehrsmittel benutzt haben. Dabei wird zwischen innerregionalem („inbound tourism") und außerregionalem Tourismus („outbound tourism") unterschieden und der Nettoeffekt der jeweiligen geschätzten Ausgaben berechnet. Als Datenbasis werden Ankünfte und Abflüge der europäischen Flughäfen verwendet (Cooper, Smith, 2005, S. 53). Die Schätzungen der Tourismus-Effekte für Europa erfolgen für 2002 und werden für die 25 EU-Länder (EU-25)[1], für die „alten" Mitgliedsländer (EU-15) [2] und für die 10 Beitrittsländer (ACC-10)[3] berechnet.

Es zeigt sich, dass der Nettoeffekt für die EU-25 und die EU-15 erwartungsgemäß negativ, für die ACC-10 jedoch positiv ist. Für die einzelne Region haben die ökonomischen Effekte durch den Tourismus innerregional zusätzlich wiederum indirekte und induzierte Wirkungen zur Folge (Tabelle 6).

---

[1] EU-25: Belgien, Deutschland, Finnland, Frankreich, Griechenland, Irland, Italien, Luxemburg, Niederlande, Österreich, Portugal, Spanien, Dänemark, Schweden, Großbritannien, Estland, Lettland, Litauen, Malta, Polen, Slowakische Republik, Slowenien, Tschechische Republik, Ungarn, Zypern

[2] EU-15: Belgien, Deutschland, Finnland, Frankreich, Griechenland, Irland, Italien, Luxemburg, Niederlande, Österreich, Portugal, Spanien, Dänemark, Schweden, Großbritannien

[3] ACC-10: Zypern, Tschechische Republik, Estland, Lettland, Litauen, Malta, Polen, Ungarn, Slowenien, Slowakische Republik

Die katalytischen Effekte durch den Handel werden von Cooper, Smith (2005) als Nettoeffekt zwischen luftverkehrsbezogenen Exporten und Importen berechnet. Der Anteil des luftverkehrsbezogenen Handels als Teil der katalytischen Wirkungen wird für die EU-15 und EU-25 mit jeweils 0,6 % des Bruttoinlandsprodukt, für die neuen Beitrittsländer auf - 0,4 % geschätzt (Tabelle 7).

Die von der Intensivierung des Handels ausgehenden qualitativen Wirkungen, wie Technologietransfer, zunehmende Skalenerträge, Spezialisierung und wachsende Effizienz der Produktion können jedoch kaum quantifiziert werden.

Tabelle 6: Schätzung der katalytischen Effekte des Tourismus für 2002 in Europa

	EU-25	EU-15	ACC-10
Anzahl innerregionaler Touristen in Mio.	227	218	9
Anzahl außerregionaler Touristen in Mio.	134	129	5
Innerregionale Ausgaben in Mio. €	78 614	76 116	2 498
Außerregionale Ausgaben in Mio. €	108 708	107 838	870
Nettoeffekt in Mio. €	-30 094	-31 722	1 628
Nettoeffekt in % *des Bruttoinlandsprodukts*	-0,3	-0,4	0,4

Quelle: Cooper, Smith, 2005, S. 25

Die katalytischen Effekte des Luftverkehrs im Hinblick auf die unternehmerischen Investitionstätigkeiten beziehen sich einerseits auf die Standortauswahl, andererseits auf die Höhe der Investitionen. Zur Schätzung dieser Effekte wird der ökonometrische Ansatz der „Error Correction"-Modelle (ECM) verwendet. Dabei wird eine Beziehung zwischen Investitionen und Luftverkehr als wichtigste erklärende Variable modelliert.

Tabelle 7: Katalytische Effekte des Handels in Europa für 2003 in Mrd. €

	Luftverkehrs- *Exporte*	*Luftverkehrs-* *Importe*	*Netto-* *effekt*	*Nettoeffekt in % des* *Bruttoinlandsprodukts*
EU-25	307,98	253,83	54,15	0,6
EU-15	304,76	249,01	55,75	0,6
ACC-10	3,22	4,81	-1,59	-0,4

Quelle: Cooper, Smith, 2005, S. 30

Zusätzlich werden noch andere Variablen, z. B. Kapitalstock, Inflationsrate, Zinssatz berücksichtigt. Luftverkehr („Air transport usage") wird dabei durch einen Index definiert, der sowohl die Anzahl der Passagiere als auch das Frachtaufkommen berücksichtigt. Er wird in „work-load"- Einheiten („metric tonne equivalents") gemessen.

Um die Größe der einzelnen Länder in der Schätzung zu isolieren, wird der Luftverkehrsindex durch das Bruttoinlandsprodukt der jeweiligen Länder dividiert. Die Schätzung des EC-Modells basiert auf Daten von 23 europäischen Ländern im Zeitraum zwischen 1994 und 2003 (zur Auswahl der Länder siehe Cooper, Smith, 2005, S. 59). Als wichtigstes Ergebnis aus den empirischen Schätzungen ergibt sich, dass bei einem Wachstum des Luftverkehrs (relativ zum Bruttoinlandsprodukt) von 10% die Investitionen langfristig um 1,6 % wachsen. Für den Zeitraum zwischen 1994 und 2003 werden für den Luftverkehrsindex jährliche Wachstumsraten für die EU-25 von 5,1%, für EU-15 von 5,0% und für ACC-10 von 7,3% ermittelt. Auf dieser Grundlage werden dann die Effekte auf die Investitionen berechnet.

Schließlich werden in der Studie von Cooper, Smith (2005, S. 41 ff.) zu den katalytischen Effekten auch die Wirkungen des Luftverkehrs auf die totale Faktorproduktivität ermittelt. Dazu wird ein EC-Modell wiederum auf der Grundlage von Daten für 23 europäische Länder im Zeitraum 1994 bis 2003 geschätzt. Als wichtigste erklärende Variable wird ebenfalls der Luftverkehrsindex verwendet. Weitere erklärenden Variablen sind beispielsweise Intensität der Forschung und Entwicklung und der Tertiarisierungsgrad. Aufgrund der Modellschätzung wird erwartet, dass ein Wachstum des Luftverkehrsindex um 10 % die Produktivität langfristig um 0,56 % erhöht.

Für die drei europäischen Regionen EU-25, EU-15 und ACC-10 werden mit Hilfe der jährlichen Wachstumsraten für den Luftverkehrsindex zwischen 1994 und 2003 die daraus resultierenden langfristigen Effekte für die Produktivität berechnet. Dabei zeigt sich, dass für die Staaten der 10 Beitrittsländer mit 4,6 % die höchste langfristige Produktivitätssteigerung infolge der Steigerung des Luftverkehrs um jährlich 7,3 % ermittelt werden konnte (Cooper, Smith, 2005, S. 43).

Während die Nachfrage-Effekte (Tourismus und Handel) für Europa eine geringe Bedeutung haben, kommt den Angebotseffekten eine hohe Bedeutung zu. Im Zeitraum 1994 bis 2003 wird für die EU-25 wird ein Anteil von 4 % am Bruttoinlandsprodukt, für EU-15 ein Anteil von 3,6 % und für ACC-10 ein Anteil von 9,4 % ermittelt (Cooper, Smith, 2005, S. 46). Die direkten, indirekten und induzierten Effekte werden für Europa zwischen 1,4 % und 2,6 %, weltweit wird der Anteil auf 2,4 % des Bruttoinlandsprodukt geschätzt (ACI, 2004; Air Transport Group, 2005).

In den meisten Studien werden die katalytischen Effekte lediglich qualitativ aufgrund von Befragungen erfasst (beispielsweise ACI, 2004). Cooper, Smith (2005) entwickeln jedoch ein quantitatives Messkonzept.

Dabei werden die Nachfrage-Effekte durch den Tourismus und den Handel datengestützt erfasst, während die Angebotseffekte auf der Grundlage von ökonometrischen Modellen geschätzt werden.

Die Problematik dieser Schätzungen liegt in der Spezifikation der Modellansätze, vor allem in der Berücksichtigung geeigneter erklärender Variablen und der daraus resultierenden Sensitivität der Schätzergebnisse.

Weiterhin stellt sich die zentrale Frage nach der Kausalität zwischen dem Luftverkehrsindex und den Investitionen bzw. der Produktivität. Es ist zu fragen, ob dieser inhaltlich komplexe Zusammenhang durch den in der Studie gewählten einfachen Gleichungsansatz hinreichend erfasst werden kann.

2.3 Operationalisierung der Kosteneffekte

Bei einer Entscheidung über die Beurteilung von Infrastrukturmaßnahmen, wie der Ausbau eines Flughafens, müssen neben den Nutzen- auch die Kosteneffekte, d. h. sog. externe Effekte im Preis bzw. in der Kostenrechnung berücksichtigt werden. Da die unterschiedlichen externen Effekte, wie Gesundheitswirkungen und Umweltschäden, nicht vergleichbar sind, wird eine Monetarisierung angestrebt. Dabei wird das Ziel verfolgt, die Zahlungsbereitschaft („willingness to pay") für die Verminderung der unterschiedlichen Schadenskategorien zu ermitteln. Sind die einzelnen Wirkungen in Geldeinheiten zu operationalisieren, d.h. sind sie in einem einheitlichen Maßstab erfasst, so können sie direkt miteinander verglichen werden. Die Bedeutung der Ermittlung und Internalisierung externer Kosten wird von der Europäischen Kommission thematisiert (European Commission 1995, 1999).

Zur Berechnung der externen Kosten wird der sog. Wirkungspfad-Ansatz („Impact Pathway Approach") vorgeschlagen. Es ist ein bottom-up-Modell und bildet die Kette von kausalen Ereignissen ab, die mit der Emission beginnt und mit einer monetären Bewertung der Schadenskategorien endet (Schmid, et al., 2003). Der Wirkungspfad-Ansatz ist in der Abbildung 3 dargestellt.

Schmid, et al. (2003) behandeln dabei die Kostenkategorien Luftschadstoffe, Lärm, Unfälle, Natur und Landschaft sowie Klimaänderungen im Hinblick auf die potenziellen Schadensgüter, beispielsweise menschliche Gesundheit, Tiere und Pflanzen.

Das zentrale Problem bei der monetären Bewertung besteht darin, dass die sogenannten intangiblen Güter keine Marktpreise haben. Um sie dennoch zu operationalisieren, benötigt man die Kenntnis der Wertschätzung dieser Güter durch die betroffenen Personen. Dabei können direkte und indirekte Verfahren angewendet werden (Schmid, et al., 2003).

Mit Hilfe von indirekten Verfahren wird der Wert eines öffentlichen Gutes aus dem Marktverhalten ermittelt. Dabei wird im sog. hedonischen Preis-Ansatz beispielsweise die Bewertung der Lärmbelästigung durch den Wertverlust von Immobilien und die Mietpreisminderung gemessen.

Die indirekte Methode zur Bewertung von Gesundheitseffekten durch Lärm wendet auch Hunt (Metroeconomica, 2001) an, und setzt als Marktpreise Krankheitskosten („Cost-of-Illness") ein. Im Gegensatz dazu erfolgt die direkte Bewertung aufgrund der Schätzung der Zahlungsbereitschaft der Individuen aus Befragungen.

Diese Methode, auch als „Contingent-Valuation"-Methode bezeichnet, wird zur Quantifizierung sehr häufig angewendet. Vorteil dieses Ansatzes ist, dass neue, vom aktuellen Markt unabhängige Situationen berücksichtigt werden können.

Abbildung 3: Darstellung des Wirkungspfad-Ansatzes zur Berechnung von externen Umweltkosten

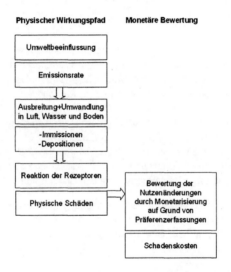

Quelle: Friedrich, Bickel, 2001; Schmid, et al., 2003

Nachteilig ist allerdings, dass die Antworten verzerrt sein können, z. B. durch strategisches Verhalten. Um dies zu vermeiden, sind die Studien oft zeitaufwändig und teuer (vgl. Lesser, et al., 1997; Ahmed, Gotoh, 2006). Mit Hilfe der „Contingent Choice"- Methode werden Personen nach dem Trade-off zwischen Alternativen befragt, die Evaluation ist jedoch schwierig, da die Individuen mit virtuellen Alternativen oft nicht vertraut sind.

Als nicht-monetärer Bewertungsansatz kann schließlich die Schätzung einer „Dose-Response"-Funktion verwendet werden, die den Effekt bestimmter Umwelt-Änderungen, z. B. die Wirkungen von Luftverschmutzung auf die Gesundheit, erfassen soll. Nachteil dieser Methodik ist jedoch die mangelnde Präzision der Messung (Ahmed, Gotoh, 2006, S. 9).

2.4 Messung der Kosteneffekte

Baum, et al. (1998) haben in ihrer Studie für den Flughafen Köln/Bonn zur Quantifizierung der externen Effekte eine Arbeit des Instituts für Wirtschaftsforschung und Wirtschaftspolitik der Universität Karlsruhe und von INFRAS, Zürich zugrunde gelegt (INFRAS, IWW, 1994; für aktualisierte Werte vgl. INFRAS, IWW, 2000).

Sie berechnen die externen Kosten für die Bereiche Lärm, Luftverschmutzung und Klima für 1995 durch die in Tabelle 8 zusammengestellten Werte, indem sie die von IN-FRAS/IWW (1994) für 1991 ermittelte Werte mit dem Preisindex für die Lebenshaltung inflationieren.

Für den Flughafen Köln/Bonn schätzen Baum, et al. (1998) auf dieser Grundlage die externen Kosten auf 518 Mio. DM (vgl. Tabelle 9).

Friedrich, Bickel (2001) und Schmid, et al. (2003) haben einen wesentlich detaillierteren Schätzansatz für die externen Kosten verwendet, der auf den Konzepten der Europäischen Kommission basiert (European Commission 1995, 1999).

Tabelle 8: Relative externe Kosten des Luftverkehrs in Deutschland 1995 (in DM)

	Lärm	Luftverschmutzung	Klima	Gesamt
DM je 1000 Pkm	8,95	13,89	25,43	48,27
DM je 1000 tkm	44,27	40,64	129,74	244,64

wobei: Pkm= Personen Kilometer; tkm = Tonnen Kilometer

Quelle: INFRAS, IWW, 1994; Baum, et al., 1998

Tabelle 9: Externe Kosten des Luftverkehrs für den Flughafen Köln/Bonn 1995

	Personenverkehr	Güterverkehr
Verkehrsleistungen	4.724 Mio. Pkm	1.185 Mio. tkm
Relative externe Kosten	48,27 DM/1000 Pkm	244,64 DM/1000 tkm
Externe Kosten	228 Mio. DM	290 Mio. DM

wobei: Pkm= Personen Kilometer; tkm=Tonnen Kilometer.

Quelle: Baum, et al., 1998, S. 163

In ihrer Studie zur Ermittlung der externen Kosten des Flugverkehrs am Flughafen Frankfurt/M. haben Schmid, et al. (2003) die Kosten für die Bereiche Luftschadstoffe, Lärm, Unfälle, Natur und Landschaft sowie Klima berechnet und dabei sowohl die Gesamtkosten als auch die marginalen Kosten in monetären Einheiten ausgewiesen.

Ein Überblick über alle externen Kosten dieser Bereiche ist in Schmid, et al. (2003, S. 168 ff.) gegeben.

Das Vorgehen beim Wirkungspfadansatz soll am Beispiel des Fluglärms kurz erläutert werden. Die Modellierung umfasst folgende Schritte (Schmid, et al., 2003):

- Lärmemission- Ausbreitung- Lärmpegel in der Umwelt
- Wirkungseinschätzung
- Monetarisierung der externe Effekte

Zur Messung des Fluglärms liegen Daten des Hessischen Landesamtes für Geologie und Umwelt für einzelne Zeitscheiben vor. Hinzu kommen Angaben für den mittleren Lärmpegel für den Straßenverkehr.

Tabelle 10: Monetäre Werte zur Bewertung lärmbedingter Gesundheitsschäden

Endpunkt	Wert	Einheit
Herzinfarkt (tödlich) 7 Jahre Lebenszeit	96.500	€ pro verlorenes Lebensjahr
Herzinfarkt (nicht tödlich), Krankenhauskosten	680	€ pro Krankenhaustag
Herzinfarkt (nicht tödlich), Arbeitsausfall	100	€ pro Krankentag
Herzinfarkt, Zahlungsbereitschaft zur Vermeidung der Krankheit	14.360	€ pro Fall
Angina pectoris, Krankenhauskosten	680	€ pro Krankenhaustag
Angina pectoris, Arbeitsausfall	100	€ pro Krankentag
Angina pectoris, Zahlungsbereitschaft zur Vermeidung der Krankheit	230	€ pro Tag
Bluthochdruck, Krankenhauskosten	350	€ pro Tag
Störung des Nachtschlafes, cost-of-illness	220	€ pro Jahr
Zahlungsbereitschaft zur Vermeidung von Störungen des Schlafes	370	€ pro Jahr
Schlafstörungen: Summe aus cost-of-illness und Zahlungsbereitschaft	590	€ pro Jahr

Quelle: Schmid, et al., 2003, S. 72

In der Wirkungsabschätzung sollen die erwarteten Gesundheitseffekte ermittelt werden, indem sog. Risiko-Funktionen für bestimmte Krankheiten, z. B. Herzkrankheiten in Abhängigkeit vom Lärmpegel, formuliert werden und Grenzwerte für Lärmbelastung definiert werden, beispielsweise durchschnittlich 70 dB (Kluizenaar, et al. , 2001; Schmid, et al., 2003, S. 61ff.). Für die Bewertung von Gesundheitseffekten schlägt Hunt (Metroeconomica, 2001) vor, Marktpreise zu verwenden, die sich aus medizinischen Kosten, Kosten durch den Produktionsausfall, Opportunitätskosten durch Freizeitverlust und anderen sozialen Kosten ergeben. Ein Beispiel für eine Quantifizierung ist in Tabelle 10 dargestellt.

Zur Erfassung der Belästigungswirkung von Lärm werden entweder Befragungen der Individuen im Hinblick auf ihre Zahlungsbereitschaft oder hedonische Preisstudien herangezogen. Im hedonischen Ansatz wird versucht, die Marktpreise, beispielsweise einer Immobilie, in verschiedene Preisdeterminanten aufzuspalten, um den Einfluss des Lärmpegels zu isolieren. Das Ergebnis ist die Berechnung des sog. „Noise Sensitivity Depreciation Index" (NSDI), der den prozentualen Wertverlust pro dB angibt. Als Median ergibt sich aus insgesamt 30 Studien ein Wert für NSDI von 0,61 (Schipper, et al., 1998). Für die Bewertung des Fluglärms des Flughafens Frankfurt/M. verwenden Schmid, et al. (2003) zwei alternative Ansätze mit 55 und 50 dB als obere bzw. untere Schätzgrenze (Tabelle 11).

Tabelle 11: Zusammenfassung der Wertansätze für die Bewertung von Lärm

€(2000)/dB pro Person und Jahr	Schwellwerte	Ableitung nach
18	50 und 55 dB	Working Group on Health and Socio-Economic Aspects
27	55 dB	Hedonischer Preisansatz

Quelle: Schmid, et al., 2003, S. 76

Die Gesundheitseffekte werden in der Studie für den Flughafen Frankfurt /M. von Schmid, et al. (2003) durch direkte Bewertung ermittelt, für die Monetarisierung der Lärmbelästigung wird der hedonische Preisansatz gewählt. Die errechneten externen Kosten des Lärms durch den Flughafenbetrieb „bewegen sich in einem Bereich zwischen 26 und 62 Mio. € (2000) für das Ist-Szenario und zwischen 29 und 86 Mio. € (2000) pro Jahr für die zukünftigen Szenarien im Jahr 2015." (Schmid, et al., 2003, S. 80).

Neben der Ermittlung der Gesamtkosten für die externen Effekte ist die Analyse der marginalen externen Kosten für die Internalisierung von entscheidender Bedeutung (Friedrich, Bickel, 2001, S. 169 ff.). Dies sind Kosten, die durch den Start oder die Landung eines zum bestehenden Flugbetrieb zusätzlichen Flugzeugs entstehen. Wichtig ist bei dieser Betrachtung die Zeit der Flugbewegung, das Abfluggewicht, die Flugroute, der Flugzeugtyp und die Triebwerkskonfigurationen (zu den Ergebnissen im Bereich Lärm: siehe Schmid, et al., 2003, S. 83 ff.).

Mit diesem Wirkungspfadansatz werden auch die anderen Kostenkategorien, Luftschadstoffe, Unfälle, Klimaänderung sowie Natur und Landschaft ermittelt (Friedrich, Bickel, 2001; Schmid, et al., 2003).

Die quantitative Erfassung der einzelnen Schadenskategorien und die Messung der externen Umwelteffekte ist eine unabdingbare Aufgabe und ein zentraler Bestandteil eines umfassenden Bewertungskonzepts für wichtige Infrastrukturmaßnahmen.

Die Transformation der technischen Größen, z. B. Lärmpegel in dB, in monetäre Einheiten ist jedoch problematisch. Es ist kaum möglich, die Störung des Nachtschlafes oder ein Jahr Lebenszeitverlust exakt in Geldeinheiten zu bewerten. Es werden dabei Annahmen getroffen, die je nach subjektiver Einschätzung der Forscher durchaus sehr unterschiedlich sein können. Auch besteht über solche Annahmen kein gesellschaftlicher Konsens, der die subjektiven Bewertungen ersetzen könnte.

Eine Monetarisierung hat den Vorteil, dass damit ein umfassendes Bewertungssystem in vergleichbaren Größen entwickelt werden kann und die Differenz von Nutzen und Kosten einer Infrastrukturmaßnahme quantitativ gegenübergestellt werden kann, jedoch ist dieser Ansatz wegen der äußerst restriktiven Annahmen im Hinblick auf die Bewertung in monetären Einheiten kaum allgemein anwendbar. Dies bezieht sich nicht nur auf die Kosteneffekte, sondern auch auf die Bewertung der Nutzenkategorien, denn insbesondere die verschiedenen katalytischen Effekte, vor allem die weichen Standortfaktoren sind kaum zu quantifizieren, und die Berechnung monetärer Äquivalente erfordert restriktive und oftmals sehr subjektive Annahmen. Ein einheitliches, umfassendes und direkt vergleichbares Konzept für Kosten- und Nutzeneffekte in monetären Einheiten ist somit kaum realisierbar. Dennoch ist eine empirische Erfassung der verschiedenen Dimensionen von Nutzen und Kosten als Grundlage eines umfassenden Bewertungssystems notwendig. Die Messung sollte allerdings in den Einheiten erfolgen, die dem zu analysierenden Problembereich inhaltlich entsprechen.

So sind Beschäftigungseffekte in der Zahl der Arbeitsplätze, Einkommenseffekte und fiskalische Effekte in Werteinheiten, Standortvorteile in Präferenzmaßen und Lärmpegel in dB, zu messen. Verzichtet man auf eine vollständige Monetarisierung aller relevanten Effekte, so ist ein einfacher Vergleich und eine Bilanzierung der positiven und negativen Effekte, der Nutzen und Kosten nicht mehr durchzuführen. Dennoch ist es auf der Grundlage einer umfassenden Übersicht über alle relevanten Einflussfaktoren einer Infrastrukturmaßnahme prinzipiell möglich, politische Entscheidungen zur Durchführung oder Ablehnung eines geplanten Projekts zu treffen, indem die unterschiedlichen Nutzen- und Kostenkategorien in den jeweiligen Maßeinheiten ausgewiesen und dann qualitativ gegeneinander abgewogen werden.

Eine Monetarisierung aller Dimensionen spiegelt dagegen vor, dass eine Objektivierung einer multidimensionalen Entscheidung möglich wäre und auf der Grundlage von saldierten Geldeinheiten getroffen werden kann.

Letztlich muss eine Entscheidung über eine Infrastrukturmaßnahme jedoch unter politischen Kriterien getroffen werden, indem die einzelnen Aspekte in ihrer Bedeutung, ihrer Qualität und ihren Konsequenzen bewertet werden.

3 Methodische Ansätze zur Quantifizierung der Nutzen- und Kosteneffekte

In diesem Kapitel sollen die wichtigsten Modellansätze zur Berechnung der durch die Flughafenaktivitäten ausgelösten ökonomischen Effekte dargestellt und verglichen werden. Die Analyse der indirekten und induzierten Effekte im Hinblick auf Produktion, Wertschöpfung, Einkommen und Beschäftigung erfolgt im allgemeinen durch den **Input-Output-Ansatz** mit endogenisierter Konsumnachfrage sowohl für die gesamte Volkswirtschaft als auch für einzelne regionale Einheiten, z. B. Bundesländer oder ein regional abgegrenztes Flughafenumland. Zur Durchführung einer Input-Output-Analyse sind Input-Output-Tabellen notwendig, die in Deutschland für die Volkswirtschaft, zumeist jedoch nicht für Bundesländer oder regionale Einheiten verfügbar sind. Als Datengrundlage werden Informationen über die ökonomische Leistungserstellung der Unternehmen auf dem Flughafen und auch eventuell der flughafenaffinen Betriebe im Flughafenumland verwendet. Im erweiterten Input-Output-Modell mit endogener Konsumnachfrage werden lediglich die durch den Konsum ausgelösten Multiplikatoreffekte erfasst; die übrigen makroökonomischen Kreislaufwirkungen, beispielsweise durch zusätzliche Investitionen, werden jedoch im Modellansatz nicht berücksichtigt. Die gesamten volkswirtschaftlichen Multiplikatorwirkungen können dadurch modelliert werden, dass der Input-Output-Ansatz mit **makro- oder regionalökonometrischen Modellen** verknüpft wird.

Ziel des **multivariaten statistischen Ansatz** ist die Ermittlung der gesamten Effekte einschließlich der katalytischen Effekte durch Schätzung der Zusammenhänge zwischen der Luftverkehrsanbindung einer Region und der regionalwirtschaftlichen Entwicklung mit Hilfe von Querschnitts- und Zeitreihenregressionen. Dabei werden die Wirkungen zwischen ausgewählten Luftverkehrsindizes und wichtigen regionalökonomischen Indikatoren berechnet.

Die Entwicklung eines umfassenden Bewertungskonzepts ist insbesondere das Ziel der **Kosten-Nutzen-Analyse**. Alle relevanten Kosten- und Nutzenkategorien sollen erfasst werden und in monetäre Einheiten umgerechnet werden, beispielsweise durch Marktpreise, Ermittlung der Zahlungsbereitschaft oder Beobachtung politischer Präferenzen. Ein alternativer methodischer Ansatz ist die **Kosten-Effizienz-Analyse**, die die Wirkungen der einzelnen Einflussfaktoren auch in nicht-monetären Dimensionen formuliert. Schließlich werden Ansätze der „**Multi-Criteria-Decision**"-**Analyse** vorgeschlagen, die eine einheitliche Kriterienbewertung in Präferenzskalen verwenden.

3.1 Input-Output-Analyse

Empirische Grundlage für eine Input-Output-Analyse ist eine aktuelle Input-Output-Tabelle für die jeweilige Volkswirtschaft und auch für die zu betrachtenden Regionen, z. B. Bundesländer. Für Deutschland wird die Input-Output-Tabelle von 2000 verwendet, die nach 71 Sektoren gegliedert ist. Für die empirische Analyse der Effekte für den Flughafen München wird eine aggregierte 17-Sektoren Version verwendet, um die Ergebnisse mit den Resultaten für den Flughafen Frankfurt/M. vergleichen zu können (Bulwien, et al., 1999).

Für die Berechnung der regionalen Effekte sind regionale Input-Output-Tabellen zu erstellen. Drei Ansätze können dabei verwendet werden. In einem ersten Modellansatz wird beispielsweise für ein Bundesland eine regionale Input-Output-Tabelle erstellt, die alle Originaldaten über die Verflechtungsbeziehungen dieser Region verwendet. Originäre regionale Input-Output-Tabellen wurden z. B. für Baden-Württemberg 1972 (Münzenmaier, 2001) und für Hessen 1980 (Gretz-Roth, Gretz, 1986; Gretz-Roth, 1989) erstellt. Da die Erhebung von Daten über die regionalen Verflechtungsströme und die Angaben über die interregionalen Import- und Exportstrukturen von der amtlichen Statistik der Länder nicht regelmäßig zur Verfügung gestellt werden, sind meist sogenannte derivate Methoden zur Regionalisierung im Einsatz. Dabei wird im Allgemeinen die Struktur der Verflechtungen in der Gesamtwirtschaft auch für die Region unterstellt. Originäre regionale Daten werden für die Endnachfrage, der primären Inputs und für die Bruttoproduktionswerte in aggregierter Form verwendet.

Die regionale Input-Output-Tabelle von 1980 für Hessen wurde mit der derivativen Methode auf das Jahr 1993 fortgeschrieben (Bulwien, et al., 1999). Auch die Input-Output-Tabelle von Baden-Württemberg von 1972 wurde für mehrere Anwendungsstudien aktualisiert (vgl. Münzenmaier, 2001).

Auch wenn eine solche derivative Input-Output-Tabelle verfügbar ist, ergibt sich das Problem der Modellierung der interregionalen Verteilungsverflechtungen der entsprechenden Region (z. B. Bundesland) mit den übrigen Regionen (z. B. Bayern mit Hessen, usw.). Man benötigt also eine multiregionale Input-Output-Tabelle. Um diese zu erstellen, fehlen leider die notwendigen Informationen aus der amtlichen Statistik. Es ist lediglich möglich, einen zusätzlichen Sektor zu definieren, der alle übrigen Regionen in Deutschland umfasst, also die Austauschbeziehungen mit diesen Regionen insgesamt modelliert (vgl. Bulwien, et al., 1999).

Die derivative Methode erfordert die Verarbeitung detaillierter, regional und sektoral disaggregierter Informationen und den Einsatz von speziellen Anpassungsverfahren (zu den verschiedenen Problembereichen vgl. Bulwien, et al., 1999). Deshalb wird zur Erstellung von regionalen Input-Output-Tabellen häufig die Methode der Lokationsquotienten verwendet (Morrison, Smith, 1974; Round 1978). Der Lokationsquotient erfasst die relative Bedeutung eines Sektors i in der Region r im Vergleich zur Gesamtwirtschaft:

$$LQ_i^r = \frac{\left(\dfrac{X_i^r}{X^r}\right)}{\left(\dfrac{X_i}{X}\right)}$$

wobei X_i der gesamtwirtschaftliche Bruttoproduktionswert des Sektors i und X die Summe der sektoralen Bruttoproduktionswerte ist.

Falls die regionalen Bruttoproduktionswerte $X_i{}^r$ und $X_.{}^r$ nicht bekannt sind, werden in der Praxis die sektoralen Werte für die Beschäftigung verwendet (Batey, et al. ,1993; und Hübl, et al., 1994).

Die regionalen Inputkoeffizienten werden schließlich dadurch ermittelt, dass die Inputkoeffizienten der gesamtwirtschaftlichen Input-Output-Tabelle mit den Lokationsquotienten multipliziert werden.

Die empirische Analyse der ökonomischen Effekte des Flughafens München erfolgt unter Verwendung der Daten der Input-Output-Tabelle mit Hilfe des statischen Input-Output-Modells (Leontief, 1986). Folgendes Gleichungssystem wird formuliert:

$$X_{11} + ... + X_{1j} + ... + X_{1n} + Y_1 = X_1$$
$$:$$
$$X_{i1} + ... + X_{ij} + ... + X_{in} + Y_i = X_i$$
$$:$$
$$X_{n1} + ... + X_{nj} + ... + X_{nn} + Y_n = X_n$$

Dabei ist der Gesamtoutput (Bruttoproduktionswert) X_i einer Branche die Summe der intermediären Outputs X_{ij} (von Sektor i an Sektor j) und der Endnachfrage Y_i. Als theoretische Grundlage wird eine limitationale Produktionsfunktion $X_{ij} = a_{ij} * X_j$ verwendet. Das lineare Gleichungssystem lautet in Matrixform:

$$\underline{x} - \underline{A} * \underline{x} = \underline{y}$$

Die Produktion, die zur Erfüllung einer bestimmten Endnachfrage notwendig ist, kann durch folgende Formel erfasst werden:

$$\underline{x} = (\underline{I} - \underline{A})^{-1} * \underline{y}$$

mit I als Einheitsmatrix.

Die Elemente der Leontief-Inversen $\underline{D} = (\underline{I} - \underline{A})^{-1}$ zeigen, um wie viele Einheiten sich die Produktion des Sektors i verändert, wenn sich die Nachfrage nach Gütern des Sektors j um eine Einheit verändert (Pischner, Stäglin, 1986; Holub, Schnabl, 1994). Die Spaltensumme gibt den zusätzlichen Output aller Sektoren bei einer Veränderung der Nachfrage nach Gütern des Sektors j um eine Einheit an.

Die Berechnung der indirekten Effekte erfolgt dadurch, dass die Anstoßeffekte durch die ökonomischen Aktivitäten (Investitionen und laufende Betriebsausgaben) der einzelnen Unternehmen nach Sektoren in einem Vektor Δy erfasst und mit der Leontief-Inverse multipliziert werden. Dabei wirken die sektoralen Anstoßeffekte bereits außerhalb des Flughafens, also im Flughafenumland (Bulwien, et al., 1999). Die indirekten Produktionseffekte ergeben sich mit:

$$\Delta \underline{x}_{indirekt} = \left\{ \left(\underline{I} - \underline{A} \right)^{-1} \right\} * \Delta \underline{y}$$

Die indirekten Einkommenseffekte werden dadurch ermittelt, dass die Einkommensanteile berücksichtigt werden (Holub, Schnabl, 1994):

$$\Delta \underline{w}_{indirekt} = \left\{ \underline{B} * \left(\underline{I} - \underline{A} \right)^{-1} \right\} * \Delta \underline{y}$$

Dabei ist $\underline{B}$ eine Diagonalmatrix mit den Elementen $b_j = W_j/X_j$, wobei W_j die Lohn- und Gehaltssumme im Sektor j ist.

Die Beschäftigungseffekte werden mit Hilfe der sektoralen Arbeitskoeffizienten (AK_i) berechnet, wobei der Arbeitskoeffizient der Quotient aus Zahl der Erwerbstätigen E_i und Bruttoproduktionswert ist:

$$AK_i = \frac{E_i}{X_i}$$

Für die Berechnung der indirekten Beschäftigungseffekte wird somit folgende Beziehung verwendet:

$$\Delta \underline{E}_{indirekt} = \left\{ \underline{AK} * \left(\underline{I} - \underline{A} \right)^{-1} \right\} * \Delta \underline{y}$$

Die induzierten Effekte erfassen die Multiplikatorwirkungen der Konsumausgaben der Beschäftigten auf dem Flughafen (direkte Einkommen) sowie der Beschäftigten der Auftragnehmer (indirekte Einkommen). Dazu ist eine Modellierung der Beziehung zwischen dem Einkommen und dem privaten Konsum notwendig, d. h. es muss eine Konsumfunktion geschätzt werden und im Input-Output-Modell berücksichtigt werden.

Grundlage der Berechnung der induzierten Effekte aus den direkten Einkommen ist die Lohn- und Gehaltssumme der Flughafenbeschäftigten. Die Konsumausgaben aus den direkten Einkommen werden unter Berücksichtigung der Konsumquoten geschätzt und bewirken eine zusätzliche Endnachfrage Δy_{dir}. Diese löst einen zusätzlichen Produktionseffekt aus, der wiederum ein zusätzliches Einkommen zur Folge hat.

Davon wird ein Teil für zusätzliche Konsumausgaben verwendet, die wiederum zusätzliche Produktion bewirken. Da in jeder Phase immer nur ein Teil des zusätzlichen Einkommens für Konsum ausgegeben wird, nehmen die entstehenden Produktions- und Einkommenseffekte stetig ab.

Die induzierten Effekte aus den indirekten Einkommen ergeben sich durch die Investitionen und laufenden Betriebsausgaben der Arbeitsstätten auf dem Flughafen. Sie haben über die Nachfrage eine Produktion zur Folge, die wiederum zusätzliches Einkommen schafft. Daraus entsteht zusätzliche Konsumnachfrage, die zu Produktionseffekten und damit zu weiteren Multiplikatorwirkungen führt.

Fasst man die beiden Anstoßeffekte aus den direkten Einkommen Δy_{dir} und den indirekten Einkommen Δy_{ind} zu einem Endnachfragevektor zusammen, so kann folgende Gleichung formuliert werden (Pischner, Stäglin, 1976; Schumann, 1975; Winker, 1997; Bulwien, et al., 1999):

$$\Delta \underline{x} = \left\{ (\underline{I} - \underline{A})^{-1} * (\underline{I} - \underline{V})^{-1} \right\} * \Delta \underline{y}$$

Die Koeffizienten der Matrix der Verbrauchsmultiplikatoren $(\underline{I} - \underline{V})^{-1}$ zeigen, wie viel Endnachfrage in Sektor i aufgrund einer Erhöhung der Endnachfrage nach Produkten des Sektor j entsteht. Die Matrix $\underline{V}$ ist der Multiplikator der zusätzlichen Endnachfrage Δy für die Nachfrage nach Konsumgütern in der ersten Runde:

$$\Delta \underline{c_0} = \underline{V} * \Delta \underline{y}$$

$\underline{V}$ setzt sich wie folgt zusammen:

$$\underline{V} = \underline{c_s} * c_m * \underline{b}' * (\underline{I} - \underline{A})^{-1}$$

Die Einkommen (direkte und indirekte) der ersten Runde ergeben sich wie folgt:

$$\Delta W_0 = \underline{b}' * (\underline{I} - \underline{A})^{-1} * \Delta \underline{y}$$

Daraus kann die zusätzliche Konsumnachfrage aufgrund der Berechnung der marginalen Konsumquote c_m und des Vektors $\underline{c_s}$ ermittelt werden. Die Elemente von $\underline{c_s}$ werden dabei aus den Anteilen der sektoralen an der gesamten Konsumnachfrage berechnet:

$$c_{s,i} = \frac{C_i}{\sum_{i=1}^{n} C_i}$$

Die zusätzlichen Konsumnachfrage bewirkt eine zusätzliche Produktion von $(\underline{I} - \underline{A})^{-1} * \Delta \underline{c_0}$. Dadurch entsteht zusätzliches Einkommen ΔW_1, ΔW_2, ΔW_3, ... ΔW_n, das wiederum anteilig für Konsumausgaben verwendet wird. Die Wirkungskette dieses Modells ist in Abbildung 4 dargestellt. Die gesamte Endnachfrage ergibt sich dann wie folgt:

$$\Delta \underline{y}_{gesamt}$$

$$= \Delta \underline{y} + \Delta \underline{c_0} + \Delta \underline{c_1} + \dots$$
$$= \Delta \underline{y} + \underline{V} * \Delta \underline{y} + \underline{V}^2 * \Delta \underline{y} + \dots$$
$$= (\underline{I} + \underline{V} + \underline{V}^2 + \dots) \Delta \underline{y}$$
$$= (\underline{I} - \underline{V})^{-1} \Delta \underline{y}$$

Die Produktionseffekte werden dann durch die Multiplikation mit der Leontief-Inversen ermittelt:

$$\Delta\underline{x} = \left(\underline{I} - \underline{A}\right)^{-1} \Delta\underline{y}_{gesamt}$$
$$= \left(\underline{I} - \underline{A}\right)^{-1}\left(\underline{I} - \underline{V}\right)^{-1} \Delta\underline{y}$$

Abbildung 4: Struktur des erweiterten Input-Output-Modells

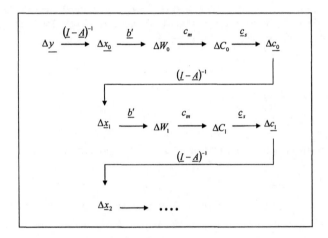

Quelle: Pischner, Stäglin, 1976; Bulwien, et al., 1999

Die induzierten Effekte aus den indirekten Einkommen werden durch Subtraktion der indirekten Effekte berechnet:

$$\Delta\underline{x}^{ind}{}_{induziert} = \left\{\left(\underline{I} - \underline{A}\right)^{-1} * \left[\left(\underline{I} - \underline{V}\right)^{-1} - \underline{I}\right]\right\} * \Delta\underline{y}_{ind}$$

Die induzierten Effekte aus den direkten Einkommen enthalten keine indirekten Effekte, sodass sie mit folgendem Ansatz ermittelt werden können:

$$\Delta\underline{x}^{dir}{}_{induziert} = \left\{\left(\underline{I} - \underline{A}\right)^{-1} * \left(\underline{I} - \underline{V}\right)^{-1}\right\} * \Delta\underline{y}_{dir}$$

Die Einkommenseffekte sind durch Multiplikation mit den sektoralen Einkommensanteilen und die Beschäftigungseffekte durch Multiplikation mit den Arbeitskoeffizienten zu berechnen.

Die Qualität der Schätzungen der Effekte mit Hilfe des erweiterten Input-Output-Modell wird vor allem durch die aktuell verfügbaren Input-Output-Tabellen bestimmt.

So kann beispielsweise für die BRD als Datengrundlage die Input-Output-Tabelle für das Jahr 2000 verwendet werden. Allerdings hat sich in der empirischen Anwendung gezeigt, dass die sektoralen Produktionsverflechtungen erst über längere Zeiträume, beispielsweise über fünf Jahre, wesentliche Änderungen aufweisen. (vgl. zur Anwendung der Input-Output-Rechnung: Stahmer, Bleses, Meyer, 2000).

3.2 Sektorale regionalökonometrische Modelle

Eine Modellierung der Multiplikatorwirkungen im makro- oder regionalökonomischen Kreislaufzusammenhang erfolgt durch Anwendung von sektoral disaggregierten ökonometrischen Modellen, also durch die Verknüpfung des Input-Output-Modells mit dem ökonometrischen Ansatz. Dabei wird die Endnachfrage, die nach einzelnen Kategorien, wie Konsum, Investitionen, staatlichen Ausgaben, usw. differenziert ist, mit der sektoral disaggregierten Produktion über das Input-Output-Modell verbunden.

Für Westdeutschland wurden auf der Makroebene diese Modelle für gesamtwirtschaftliche Prognosen und Politiksimulationen entwickelt, für einzelne Regionen, beispielsweise Bundesländer sind sie jedoch nicht verfügbar, da einerseits für einzelne Regionen zumeist keine Input-Output-Tabellen oder Input-Output-Tabellen nur für wenige ausgewählte Jahre erstellt werden, andererseits die Modellierung der Export- und Import-Struktur mit anderen Bundesländern kaum möglich ist.

Deshalb werden diese sektoral disaggregierten ökonometrischen Modelle insbesondere auch für Wirkungsanalysen in den USA angewendet. So wird seit 1980 das REMI-(Regional Econometric Modell, Inc.) Modell zur Berechnung der ökonomischen Effekte von Flughäfen sowie von Prognosen und Simulation alternativer Maßnahmen eingesetzt (beispielsweise für Los Angeles: Hamilton, Rabinovitz, Alschuler, Inc., 2001). Das REMI-Modell besteht aus fünf Teilmodellen, die insgesamt 2000 ökonomische und demographische Variablen enthalten:

• Output (Endnachfrage und Produktion)
• Arbeitsangebot
• Arbeitsnachfrage
• Marktanteile
• Faktoreinkommen

Das Modell ist nach 53 Sektoren gegliedert und berücksichtigt beispielsweise 25 Endnachfrage-Kategorien und 94 Berufsgruppen der Arbeitsnachfrage. Die Struktur des regionalökonometrischen Modells REMI ist in Abbildung 5 dargestellt.

Dieses Modell wurde dazu eingesetzt, Prognosen für den Flughafen Los Angeles (LAX) bis 2015, beispielsweise für die Beschäftigtenentwicklung, und Simulationsergebnisse für alternative Maßnahmenbündel abzuleiten.

46

Abbildung 5: Struktur des REMI-Modells

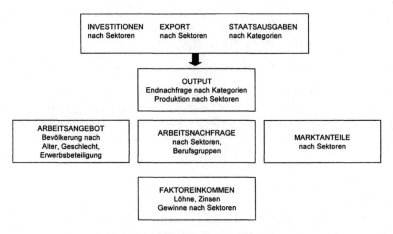

Quelle: Hamilton, et al., 2001

Dabei wird eine Basis-Prognose, die den Status-quo zugrunde legt, mit Projektalternativen, wie der Bau einer zusätzlichen Start- und Landebahn im Norden oder Süden oder Erweiterungen der bestehenden vier Runways verglichen. Die ökonomischen Effekte wurden dabei für drei unterschiedliche Regionen um den Flughafen von Los Angeles (City, County, Region) berechnet (Hamilton, et al., 2001). Die methodische Vorgehensweise bei der Berechnung der Prognose- und Simulationsergebnissen ist in Abbildung 6 zusammenfassend dargestellt.

Der Vorteil dieses Modellansatzes liegt darin, dass die strukturellen makro- bzw. regionalökonomischen Kreislaufeffekte in der zeitlichen Entwicklung berücksichtigt werden. Jedoch benötigen die ökonometrischen Modelle wegen der Komplexität detaillierte Daten, die oft nicht in ausreichender Aktualität zur Verfügung stehen. So wurden beispielsweise zur Schätzung des REMI-Modells Daten für den Zeitraum 1969 bis 1996 verwendet. Die geschätzten Modellparameter werden sowohl den Schätzungen für 2001 als auch für die Prognosen bis 2015 zugrunde gelegt und dabei implizit Strukturkonstanz der Koeffizienten unterstellt.

Ein weiteres Problem ergibt sich dadurch, dass die exogenen makroökonomischen Variablen, wie staatliche Ausgaben, Investitionen, Steuersätze prognostiziert werden müssen. Die Qualität der Berechnung der Effekte hängt damit wesentlich auch von der Prognosegenauigkeit der Schätzung der modellexogenen Merkmale ab.

Abbildung 6: Berechnung von regionalökonomischen Effekten alternativer Planungs-
maßnahmen

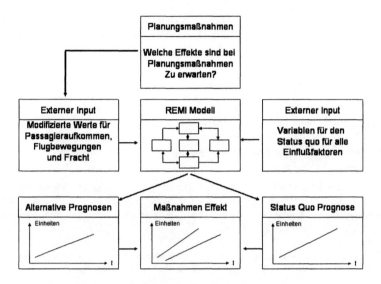

Quelle: Hamilton, et al., 2001, S. 30

3.3 Multivariate statistische Ansätze

Das Ziel bei der Anwendung von multivariaten statistischen Ansätzen ist die Abschätzung der regionalwirtschaftlichen Wirkungen in Abhängigkeit eines geänderten Luftverkehrsangebotes. Dabei werden sowohl ökonometrische Zeitreihenanalysen als auch Querschnittsschätzungen angewendet. Die empirische Analyse erfolgt dabei in drei Schritten:

In einem ersten Schritt sind als Grundlage der ökonometrischen Analysen geeignete Untersuchungsregionen für die Querschnittsanalysen und ein entsprechender Untersuchungszeitraum für die Zeitreihenanalyse auszuwählen. Um die unterschiedliche Qualität der Luftverkehrsanbindung einer Region zu erfassen, bilden Baum, et al. (2003) in ihrer Studie drei Gruppen von Flughafenregionen:

- Regionen mit einem großen Hub-Flughafen mit internationaler Bedeutung (Region Frankfurt / M., London, Paris, Amsterdam und Mailand)
- Regionen mit einem Flughafen mittlerer Größe (Düsseldorf, Brüssel, Wien und Kopenhagen)
- Regionen mit einem Flughafen geringerer Bedeutung (Region Köln/Bonn, Hamburg und Stuttgart).

Für diese Untersuchungsregionen wird zunächst eine vergleichende Analyse der wirtschaftlichen Entwicklung und des Strukturwandels anhand geeigneter Indikatoren durchgeführt, um wichtige ökonomische Entwicklungstendenzen in diesen Regionen insbesondere im Vergleich zum Landesdurchschnitt zu analysieren. Baum, et al. (2003) wählen zur Beurteilung der Wirtschaftskraft dieser Regionen beispielsweise folgende ökonomische Indikatoren aus:

• Beschäftigungsquote
• Wertschöpfungsquote
• Arbeitsproduktivität
• Dienstleistungsanteil an der Wertschöpfung
• Bruttoinlandsprodukt je Einwohner
• Ausgaben für Forschung und Entwicklung
• Patentanmeldungen.

Die empirische Studie von Baum, et al. (2003) zeigt, dass die Regionen mit internationalen Hub-Flughäfen im Hinblick auf diese ausgewählten ökonomischen Indikatoren im Vergleich zum Landesdurchschnitt positive Effekte zwischen 8% und 53% zeigen (siehe Tabelle 12).

Tabelle 12 : Vom Landesdurchschnitt abweichende Entwicklung der Untersuchungsregionen nach Clustern (ohne Hamburg und Kopenhagen)

	Regionen mit Hub-Flughafen	Regionen mit mittleren Flughäfen	Regionen mit kleinen Flughäfen oder ohne Flughafen
Beschäftigtenquote	+ 7,6%	- 1,1%	- 0,3%
Pro-Kopf-Wertschöpfung	+ 35,3%	+ 13,4%	+ 7,4%
Arbeitsproduktivität	+ 26,0%	+ 14,7%	+ 7,7%
Dienstleistungsanteil	+ 9,0%	+ 8,0%	- 4,0%
BIP je Einwohner	+ 38,4%	+ 25,7%	+ 5,3%
F&E Ausgaben	+ 24,3%	- 7,9%	+ 43,9%
Patentanmeldungen	+ 53,2%	+ 14,0%	+ 34,3%

Quelle: Baum, et al. , 2003, S. 82

In einem zweiten Schritt werden der Umfang und die Qualität der Luftverkehrsanbindung einer Region durch Kenngrößen erfasst. Baum, et al. (2003) schlagen folgende Einflussfaktoren vor:

• Originäres Passagieraufkommen (Geschäftsreisen, Privatreisen)
• Passagieraufkommen (Inland und Europa, Interkontinental)

- Anzahl der Destinationen (Inland und Europa, Interkontinental)
- Frachtaufkommen.

Weiterhin sollen Indikatoren des Flugangebots, wie beispielsweise Frequenz der Flüge je Destination, Anzahl der Direktverbindungen, Anzahl an Tagesrandverbindungen einbezogen werden. Mit Hilfe von Gewichtungsfaktoren werden die quantifizierbaren Merkmale zu einem Luftverkehrswertigkeitsindex zusammengefasst (Baum, et al., 2003). Dieser Indikator kann dann für die Untersuchungsregionen für den gewählten Untersuchungszeitraum berechnet werden. Mit Hilfe dieser Datenbasis können nun die Beziehungen zwischen ö-konomischen Indikatoren und dem Index der Luftverkehrswertigkeit für die einzelnen Regionen in einer Zeitreihen-Regressionsanalyse berechnet und daraus Elastizitäten bestimmt werden. Besonders wichtig sind die Wirkungen auf die Arbeitsproduktivität und die Wertschöpfung.

Wird das Ziel verfolgt, nicht nur die Beziehungen zwischen dem Luftverkehrsangebot und einzelnen ökonomischen Indikatoren zu schätzen, sondern den Einfluss der Qualität der Luftverkehrsanbindung auf die regionale Wirtschaftskraft zu analysieren, so ist in einem dritten Schritt zunächst ein Index der regionalen Wirtschaftskraft zu entwickeln, der als Abweichung vom Landesdurchschnitt zu interpretieren ist.

Dabei werden Indizes für den regionalen Arbeitsmarkt, den intersektoralen und intrasektoralen Strukturwandel verwendet (vgl. dazu genauer Baum, et al., 2003, Kap 5.3.) und zu einem Gesamtindikator für die regionale Wirtschaftskraft zusammenfasst. Auf dieser Grundlage können dann mit Hilfe von Querschnittsregressionen die Zusammenhänge zwischen dem Niveau bzw. der Dynamik der regionalen Wirtschaftskraft und der Luftverkehrsanbindung ermittelt werden. Eine Prognoserechnung für die ökonomischen Effekte, z. B. auf die Beschäftigung, kann durchgeführt werden, indem sowohl der regionale und der gesamtwirtschaftliche Wirtschaftsindex als auch der Indikator für die Luftverkehrsanbindung fortgeschrieben werden.

Die Schätzwerte der Regressionsfunktion für die Abhängigkeit des regionalen Wirtschaftsindex vom Luftverkehrswertigkeitsindex können dazu verwendet werden, unterschiedliche Alternativ-Szenarien zur Entwicklung einzelner Komponenten des Luftverkehrsaufkommens, beispielsweise verschiedene Annahmen für das erwartete Passagiervolumen oder Frachtaufkommen zu berechnen und die Auswirkungen auf die einzelnen Komponenten des regionalen Wirtschaftsindex, beispielsweise auf die sektorale Beschäftigung, die Arbeitsproduktivität oder die Wertschöpfung zu ermitteln.

Dieser methodische Ansatz, der auf einem multivariaten Regressionsansatz basiert, hat das Ziel, die gesamten Wertschöpfungs- und Beschäftigungseffekte zu ermitteln, d. h. es sollen neben den direkten, indirekten und induzierten Wirkungen auch die katalytischen Effekte sowie auch Substitutionseffekte erfasst werden.

Methodische Grundlage sind Regressionsbeziehungen zwischen ausgewählten Indikatoren der Luftverkehrsanbindung und ökonomischen Kenngrößen.

Baum, et al. (2003) berücksichtigen zur Beschreibung der regionalen Wirtschaftskraft die regionale Arbeitsmarktlage durch den Grad der Vollbeschäftigung, den intersektoralen Strukturwandel durch den Anteil den im Dienstleistungssektor Beschäftigten und den intrasektoralen Strukturwandel durch die Veränderung der sektoralen Arbeitsproduktivitäten in den Regionen. Es ist zu fragen, ob das wirtschaftliche Potenzial einer Region durch diese Indikatoren ausreichend erfasst werden kann. Auch die Schätzung einer Regressionsbeziehung zwischen dem regionalen Wirtschaftsindex und einem Indikator für die Luftverkehrsanbindung wird sicherlich noch durch andere, im Modellansatz nicht einbezogen Einflüsse bestimmt.

3.4 Cost-Benefit - und Multi-Criteria-Decision-Analyse

Der methodische Ansatz der Cost-Benefit-Analyse (CBA) ist mit dem Ziel konzipiert, Projektalternativen in einem umfassenden Analyserahmen durch die Berücksichtigung aller Kosten- und Nutzenkomponenten vergleichend zu bewerten (Delander, et al., 1996; FAA, 1999; Pohnke, 2001; Lakshmanan, et al., 2001; Boardman, et al., 2006). Eine Cost-Benefit-Studie umfasst verschiedene Analyse-Schritte (vgl. insbesondere FAA, 1999).

In einer ersten Stufe sind die Zielsetzungen eines Flughafenprojekts zu definieren. Dabei können beispielsweise Reduktion der Verspätungen der Flüge, Erhöhung des Passagier- und /oder Frachtaufkommens, Erhöhung der Sicherheit auf dem Flughafen, Reduktion der Lärmbelästigung, usw. als ein- oder mehrdimensionales Zielsystem formuliert werden.

In einem zweiten Schritt sind der Status quo und die alternativen Szenarien als Projektoptionen zu beschreiben, beispielsweise Ausbau eines Flughafens durch Bau einer zusätzlichen Start- und Landebahn, Optimierung des Status quo durch effizientere Nutzung der vorhandenen Kapazitäten oder Einführung eines Nachtflugverbots. Diese Möglichkeiten sollten möglichst exakt durch quantitative Kennziffern beschrieben werden, beispielsweise durch die Frequenz der Starts und Landungen, durch die Anzahl der Flugbewegungen, die Anzahl der Passagiere, usw.

Der dritte Schritt beinhaltet die Festlegung der Evaluationsperiode. Die Wahl erfolgt dabei aufgrund des ökonomischen Lebenszyklus. „The economic life is that period over which the asset itself can be expected to meet the requirements for which it was acquired in a cost-effective manner. By definition, economic life is less than or equal to requirement life. Economic life may equal (but not exceed) physical life, but it is often less." (FAA, 1999, S. 21).

Im vierten Schritt der CBA werden die Wirkungen der Flughafenaktivitäten als Kosten und Nutzen erfasst und für die Evaluationsperiode prognostiziert. Methodische Grundlage ist dabei die Gültigkeit von Ursache-Wirkungs-Beziehungen zwischen den Projekt-Maßnahmen und den daraus entstehenden Kosten- und Nutzeneffekten.

Für indirekte und intangible Effekte ist eine Quantifizierung jedoch oftmals problematisch. Ein umfassendes Konzept für die Erfassung der Kosten und Nutzen für Flughafenprojekte findet sich in FAA (1999), Kap. 10 und 11. Die einzelnen Kosten und Nutzen sind dann zu operationalisieren und in monetären Einheiten zu erfassen (vgl. dazu FAA, 1999), um eine Vergleichbarkeit zwischen den Kosten- und Nutzenkomponenten zu ermöglichen und schließlich auch eine Aggregation durchführen zu können.

Die Monetarisierung kann durch einfache Messung von Geldströmen, durch die Bewertung der Effekte mit Marktpreisen, durch Erfragen der Zahlungsbereitschaft und durch die Beobachtung politischer Präferenzen erfolgen (Pohnke, 2001, S. 61 ff).

Ist eine Monetarisierung nicht durchgängig möglich, so bietet sich der Ansatz der Kosten-Effizienz-Analyse an, in dem die Wirkungen auch in nicht-monetären Dimensionen erfasst werden können.

Der fünfte Schritt beinhaltet den Vergleich zwischen den aggregierten Kosten und Nutzen für die einzelnen Alternativen im Hinblick auf die gewählte Evaluationsperiode. Zur Bewertung können folgende Kriterien herangezogen werden:

- Gegenwartswert („Net present value")
- Nutzen-Kosten-Verhältnis („Benefit-cost-ratio")
- Interne Zinssatz Methode („Internal rate of return")

Der Gegenwartswert ist dabei wie folgt formuliert:

$$NPV = \sum_{t=0}^{k} \frac{(B-C)}{(1+r)^t}$$

wobei   B = jährliche Nutzen

           C = jährliche Kosten

           r = jährliche Diskontrate

           k = Anzahl der Jahre der Evaluationsperiode

Für das Nutzen-Kosten-Verhältnis gilt:

$$\frac{B}{C} = \frac{\sum_{t=0}^{k} \frac{B_t}{(1+r)^t}}{\sum_{t=0}^{k} \frac{C_t}{(1+r)^t}}$$

Ein alternativer Bewertungsmaßstab beruht auf der Berechnung des internen Zinssatzes ξ, der sich aus der Bedingung NPV=0 ergibt:

$$NPV = \sum_{t=0}^{k} \frac{(B-C)}{(1+\xi)^t}$$

Im sechsten Schritt wird eine Sensitivitätsanalyse durchgeführt. „Because uncertainties are always present in the cost and benefit estimates used in the comparison of alternatives, a complete understanding of the investment decision can be developed only if key assumptions are allowed to vary." (FAA, 1999, S. 8). So müssen beispielsweise die Kosten für den Bau einer neuen Start- und Landebahn prognostiziert werden. Diese zentrale Größe könnte dann unter geänderten Annahmen, z. B. über die Baukosten, variiert werden und damit die Sensitivität der Ergebnisse im Hinblick auf alternative Maßnahmen geprüft werden.

Im letzten Arbeitsschritt werden schließlich die Empfehlungen in Bezug auf die vorgeschlagenen Alternativen auf der Grundlage der Bewertungskriterien abgeleitet. „The recommendation of the appropriate alternative will depend on measured benefits and costs, consideration of hard-to-quantity benefits and costs, and sensitivity of results to changes in assumptions." (FAA, 1999, S.8).

In einer Cost-Benefit-Studie zum Problem der Lärmbelästigung des internationalen Flughafens O`Hare (Chicago) werden Kosten und Nutzen im Hinblick auf einen Ausbau (5000 zusätzliche Flüge pro Jahr) ermittelt und verglichen (Brown, et al., 2004). Zur Messung des Nutzens werden folgende Ansätze verwendet:

- Die „Contingent Valuation"-Methodik wird eingesetzt, um den Wert der Reduktion des Fluglärms beispielsweise durch den Einsatz von geeigneten Flugzeugtypen zu quantifizieren. Als Grenzwert für den Tag wurden 65 dB, für die Nachtzeit (22.00-07.00) 10 dB angenommen. Dabei wurden insgesamt 48660 Haushalte befragt.
- In einem zweiten Schritt werden verschiedene Studien ausgewertet, um die Gesundheitswirkungen und Lerneffekte, insbesondere von Kindern, bei einer Reduktion des Fluglärms zu bewerten.
- Der hedonische Preisansatz wird in einem dritten Schritt dazu verwendet, einen direkten Vergleich mit Hilfe einer Regressionsanalyse unter Verwendung der Immobilienpreise durchzuführen. „It appears that the Hedonic Pricing method both succeeds as a proxy for a marginal damage function and as a cross-check to the Contingent Valuation survey." (Brown, et al., 2004, S. 23).

Die Ermittlung der Kosten beinhaltet zwei Ansätze. „First we use averting costs again to reveal the potential costs of solutions to noise elimination. Second, we explore how noise emissions standards force airlines to install costly sound-muffling devices called "hush-kits".(Brown, et al., 2004).

Dabei werden insbesondere der Einbau von Fenstern und Türen sowie lärmreduzierende Aggregate in den verschiedenen Flugzeugtypen in monetären Einheiten quantifiziert. Die politische Empfehlung erfolgt aufgrund des Vergleichs von diskontierten Nutzen und Kosten für 10 Jahre mit einer Diskontrate von 3 %.

Die Grenzen der Cost-Benefit-Analyse liegen vor allem darin, dass die qualitativen Kosten- und Nutzeneffekte kaum in monetären Einheiten quantifizierbar sind und in Abhängigkeit von subjektiven Kriterien oder mit Hilfe von problematischen Approximationen gemessen werden. Ein alternativer methodischer Ansatz ist die Kosten-Effizienz-Analyse, die auch nicht-monetäre Dimensionen zur Messung verwendet. Weiterhin bleibt das Problem der Gewichtung der einzelnen Effekte bei der Aggregation ungelöst, denn auch diese wird von persönlichen Einstellungen beeinflusst. Schließlich bleibt die Interaktion zwischen verschiedenen Effekten unberücksichtigt.

Deshalb werden Methoden der „multi-criteria-decision analysis" (MCDA) vorgeschlagen, die neben der Messung von Effekten in monetären Einheiten die Erfassung insbesondere von qualitativen externen Effekten in Präferenzskalen (Scores) ermöglichen.

Dieser methodische Ansatz kann in folgenden Schritten angewendet werden (National Economic Research Associates (NERA)), 2001, Kapitel 5/6):

- Zunächst sind die inhaltliche Problemstellung und die Rahmenbedingungen für den konkreten Entscheidungsprozess abzugrenzen und daraus die Ziele unter Berücksichtigung der Entscheidungsträger und der Betroffenen abzuleiten.
- Im nächsten Schritt sind die Optionen der möglichen Entscheidungsalternativen zu definieren, beispielsweise Einsatz alternativer Transportsysteme.
- Auf dieser Grundlage werden Kriterien und Sub-Kriterien identifiziert, beispielsweise Umweltverträglichkeit, Sicherheit, Schnelligkeit, ökonomische Effizienz. In Abhängigkeit vom Detaillierungsgrad der Kriterien sind diese in homogene Cluster zusammenzufassen oder in Baumstrukturen abzubilden. Die Kriterien sollten dabei möglichst vollständig, aber nicht redundant sein. Weiterhin müssen sie operationalisierbar und möglichst unabhängig voneinander sein, um den eigenständigen Einfluss der einzelnen Präferenzen zu erfassen. Die Kriterien können dabei in monetären, quantitativen oder in qualitativen Einheiten gemessen werden.
- Um die unterschiedlichen Kriterien vergleichbar zu machen, werden Präferenzskalen gebildet und in Scores (0.....100) operationalisiert.
- Es wird der gewichtete Durchschnitt aller Präferenz-Scores für alle Optionen gebildet und im Hinblick auf inhaltliche Konsistenz geprüft.
- Um die Scores zu aggregieren, ist es notwendig, die einzelnen Kriterien zu gewichten. Zumeist wird dabei die Methode des „swing weigthing" verwendet: „This is based on comparisons of differences: how does the swing from 0 to 100 on one preference scale to the 0 to 100 swing on another scale? To make these comparisons, assessors are encouraged to take into account both the difference between the last and most preferred options, and how much they care about the difference." (NERA, 2001, S. 52).
- Schließlich sind Sensitivitätsanalysen durchzuführen, die die Einflüsse alternativer Gewichte, die Vor- und Nachteile ausgewählter Optionen und eventueller neuer Alternativen abschätzen sollen.

Der wichtigste Vorteil der MCDA im Vergleich zur CBA liegt in der Berücksichtigung einer Vielzahl von Kriterien und in der gemeinsamen Erfassung in Scores, um die Vergleichbarkeit zu gewährleisten. Die Auswahl der Gewichtungsfaktoren ist problematisch, jedoch können die Auswirkungen alternativer Gewichte in einer Sensitivitätsanalyse bewertet werden.

3.5 Zusammenfassende Bewertung: Zur Notwendigkeit eines Methoden-Mix

Das Ziel der Ermittlung der ökonomischen Effekte aufgrund der Aktivitäten von Flughäfen ist einerseits die Schätzung der direkten, indirekten, induzierten und katalytischen Wirkungen, andererseits die Erfassung der externen Effekte als gesellschaftliche Kosten der ökonomischen Aktivitäten. Zur Quantifizierung und zum Vergleich dieser Effekte kann nicht ein methodischer Ansatz gewählt werden, sondern es ist der Einsatz eines Methoden-Mix erforderlich.

Die direkten Effekte in der Ist-Analyse sollten im Rahmen einer möglichst umfassenden Arbeitsstättenerhebung im Abstand von bis zu drei Jahren ermittelt werden, wobei die in den Befragungen 1997, 2000 und 2003 für den Flughafen München erreichte Rücklaufquote von über 80 % ein hervorragendes Ergebnis darstellt. Wichtig ist insbesondere, dass die Unternehmen auf dem Flughafen die Zahl der Beschäftigten, bzw. die Zahl der Arbeitsstunden sowie die Wohnorte der Beschäftigten exakt angeben. Daneben ist das Einkommen der Beschäftigten der Arbeitsstätten als aggregierte Größe zu ermitteln, um die induzierten Effekte berechnen zu können. Besonders ist hierbei darauf zu achten, welche Abgrenzung für das Einkommen gewählt wird, beispielsweise Arbeitnehmerentgelte oder Brutto- oder Nettolöhne und –gehälter, da dies für die Berechnung der induzierten Effekte unter Verwendung einer Konsumfunktion von entscheidender Bedeutung ist.

Weiterhin sind die jährlichen Investitionen und die laufenden Betriebsausgaben in sektoraler und regionaler Differenzierung zu erheben. Die sektorale Gliederung sollte jedoch nicht zu detailliert sein, da die Einordnung für die Unternehmen zu schwierig ist. 15 bis 20 Sektoren erscheinen für die empirischen Analysen ausreichend.

Diese Daten sind die Grundlage für die Ermittlung der indirekten Wirkungen sowie der induzierten Effekte, die aus den Ausgaben der Beschäftigten des Flughafens und der Beschäftigten der Auftragnehmer der Flughafenunternehmen im Umland resultieren.

Für die Prognose der direkten Effekte in einer Szenario-Analyse ist ein Stärken-Schwächen-Profil als Grundlage sinnvoll, um die möglichen Entwicklungen besser abschätzen zu können. Die Beschäftigung kann mittels Regressionsanalyse aus den Prognosen für die Verkehrszahlen (z. B. Passagiervolumen) geschätzt werden.

Zur Berechnung der indirekten und induzierten Effekte wird weltweit der Ansatz der Input-Output-Analyse verwendet. Dabei wird vor allem das statische Input-Output-Modell mit endogenisierter Konsumnachfrage eingesetzt, um zumindest die Multiplikatoreffekte über den Konsum zu berücksichtigen.

Um die gesamtwirtschaftlichen Multiplikatorwirkungen, beispielsweise auch der Investitionen, zu modellieren, wäre es notwendig, regionale ökonometrische Modelle mit Input-Output-Modellen zu kombinieren. Für die USA wurde ein solcher Ansatz beispielsweise für die Analysen des internationalen Flughafens Los Angeles (LAX) (REMI-Modell) angewendet.

Generell ist die Anwendung regionalökonometrischer Modelle problematisch, da die Verflechtungen mit anderen Regionen des Landes zu groß sind, um ein regionenspezifisches Modell valide zu schätzen. Zudem ist die Datenbasis für eine Region im Vergleich zu der gesamten Volkswirtschaft oft nicht ausreichend, um differenzierte strukturelle ökonometrische Kreislaufmodelle zu entwickeln und empirisch zu begründen. Für im Vergleich zu den USA kleinere Länder, wie Deutschland, gelten diese Einschränkungen noch in höherem Maße. Die einzelnen Bundesländer, wie Hessen, Bayern sind zu klein, um regionalökonometrische Modelle in sektoraler Differenzierung entwickeln und einsetzen zu können. So wird in den meisten Studien, auch für die USA und Kanada, das statische Input-Output-Modell mit endogener Konsumnachfrage verwendet.

Ziel der empirischen Analyse der ökonomischen Effekte ist die Ermittlung sowohl der regionalen als auch der gesamtwirtschaftlichen Wirkungen. Dazu müssen regionale und gesamtwirtschaftliche Input-Output-Tabellen verfügbar sein. In den USA können im Allgemeinen regionale Tabellen verwendet werden, um die Wirkungen im Umland zu berechnen. In Deutschland werden keine aktuellen Input-Output-Tabellen zur Verfügung gestellt. Für Hessen existiert eine originäre Tabelle für 1980, die unter Verwendung der gesamtwirtschaftlichen Input-Output-Tabelle derivativ auf 1993 fortgeschrieben wurde (Gretz-Roth, 1986, 1989; Bulwien, et al., 1999). Daneben wurde lediglich noch für Baden-Württemberg eine regionale Input-Output-Tabelle entwickelt (Münzenmaier, 2001). Wegen des Fehlens originärer regionaler Input-Output-Tabellen verwendet man eine Approximation, indem man die gesamtwirtschaftlichen Input-Output-Tabellen durch Lokationsquotienten modifiziert.

Gesamtwirtschaftliche Input-Output-Tabellen werden für Deutschland durch das Statistische Bundesamt erstellt. Die Aktualität ist jedoch eingeschränkt, da sie oft mit einer Verzögerung von 3 bis 4 Jahren veröffentlicht werden.

Die unterschiedlichen katalytischen Effekte können - sofern es die Datenlage erlaubt – quantitativ, beispielsweise die Wirkungen des Tourismus, ausgewiesen werden. Zumeist ist jedoch lediglich eine qualitative Bewertung der einzelnen Standortkriterien in Präferenzskalen möglich.

Einzelne Dimensionen der katalytischen Effekte, z.B. Produktivitäts- oder Spill-over-Effekte, durch Regressionsansätze zu erfassen, ist problematisch, da die Spezifikation der Gleichungen auch wegen fehlender Daten die inhaltlichen Fragestellungen nicht ausreichend erfassen.

Als eine Methodik, die Gesamteffekte zu erfassen, werden in der empirischen Analyse multivariate statistische Ansätze vorgeschlagen, die aus den wichtigsten Beziehungen zwischen Indikatoren der Verkehrsentwicklung und ökonomischen Kennzahlen, wie Arbeitsproduktivität, Grad der Vollbeschäftigung, die gesamten Beschäftigungs- und Einkommenseffekte ermitteln. Die Anwendung dieses Ansatzes hängt jedoch davon ab, in welcher Weise die Vielfalt und die Interdependenz der Wirkungsketten in ihrer Komplexität erfasst werden können.

Tabelle 13: Methodische Ansätze zur Erfassung der regionalökonomischen Wirkungen

Regionalökonomische Wirkungen	Methodik
Direkte Effekte	Ist-Analyse: Arbeitsstättenbefragung (Nachfrageeffekte in regionaler und sektoraler Gliederung) Szenario-Analyse: Stärken-Schwächen-Analyse, Regressionsanalyse
Indirekte / Induzierte Effekte	Input-Output-Modelle mit Multiplikatorwirkungen (gesamtwirtschaftlich, regional)
Katalytische Effekte	Quantitative Datenanalyse / Befragungen (Tourismus-Effekte) Analyse qualitativer Daten / Befragung Befragung flughafenaffiner Betriebe (Beschäftigung, Investitionen)
Externe Effekte	Kosten-Nutzen-Analyse (quantitativ/monetäre Einheiten) Kosten-Effizienz-Analyse (nicht-monetäre Einheiten) Multi-Criteria-Decision-Analyse (Kriterienbewertung in Präferenzskalen)

Deshalb ist es für eine empirische Analyse der ökonomischen Effekte von Flughäfen zweckmäßig, die direkten, indirekten, induzierten und katalytischen Wirkungen einzeln zu erfassen. Für die Berechnung der indirekten und induzierten Effekte hat sich das Input-Output-Modell bewährt, das durch eine Modellierung der gesamtwirtschaftlichen Multiplikatorwirkungen, z. B. der Konsumnachfrage, ergänzt wird.

Die katalytischen Effekte sollten je nach Problemstellung quantitativ oder in qualitativen Dimensionen erfasst und bewertet werden. Der Nachteil der qualitativen Erfassung besteht darin, dass diese Effekte nicht quantifiziert und mit der Summe aus direkten, indirekten und induzierten Wirkungen nicht verglichen werden können.

Ein Ansatz zur Quantifizierung der katalytischen Effekte würde grundsätzlich darin beste-
hen, flughafenaffine Unternehmen in einem exakt abgegrenzten regionalen Umland, beispielsweise ein Bundesland, einem bestimmten Radius in km um den Flughafen oder
bestimmten Fahrzeiten zum Flughafen, im Hinblick auf die quantitativen ökonomischen
Effekte des Flughafens bei alternativen Szenarien zu befragen. Dabei ist einerseits die
exakte Abgrenzung der Flughafenaffinität zu lösen, andererseits eine geeignete Definition
der Grundgesamtheit dieser Unternehmen zu finden, da in der Regel lediglich eine Stich-
probe befragt werden kann. Nicht zuletzt ist die Realisierung einer ausreichenden Rücklaufquote verwertbarer Antworten eine wichtige Voraussetzung für politische
Verwendbarkeit der empirischen Ergebnisse.

Für die Analyse der externen Effekte können grundsätzlich zwei Konzepte verwendet werden. Mit Hilfe einer Cost-Benefit- oder einer Kosten-Effizienz-Analyse werden die Kosten-
und Nutzeneffekte in den jeweils spezifischen quantitativen monetären bzw. qualitativen
Dimensionen erfasst und getrennt voneinander bewertet. Der alternative Ansatz besteht
darin, die Methodik der „Multi-Criteria-Analysis" zu verwenden, die das Ziel verfolgt, die
unterschiedlichen Kostenkriterien mit Hilfe von Scores zu vergleichen und bei Anwendung
eines Gewichtungsschemas in einer Kenngröße aggregieren zu können. Eine zusammen-
fassende Darstellung der methodischen Erfassung der regionalökonomischen Wirkungen
gibt Tabelle 13 wieder.

4 Empirische Studien zur Quantifizierung der ökonomischen Effekte des Luftverkehrs

In diesem Abschnitt soll ein Überblick über die wichtigsten empirischen Studien zu den Wirkungen des Luftverkehrs für die einzelnen Regionen der Welt, für die USA, Europa und für Deutschland gegeben werden. Dabei wird gezeigt, in welcher Höhe direkte, indirekte, induzierte und katalytische Effekte geschätzt werden und welche Effekte insbesondere auf die Beschäftigung und die Wertschöpfung eines Landes oder einer Region zu erwarten sind.

4.1 Schätzung der ökonomischen Effekte für die Regionen der Welt

In einer empirischen Studie von 2005, die von Air Transport Group (ATAG) herausgegeben wurde und die auf Studien von Oxford Economic Forecasting (OEF) basiert, werden für Afrika, Asien/Pazifik, Europa, Lateinamerika, den Mittleren Osten und Nordamerika die direkten, indirekten, induzierten und katalytischen Effekte des Luftverkehrs für das Jahr 2004 in Bezug auf Beschäftigung und das Bruttoinlandsprodukt (GDP) ermittelt. Weltweit werden insgesamt 5 Mio. direkte Beschäftigte (insbesondere der Fluglinien und der Flughäfen), 5,8 Mio. indirekte und 2,7 Mio. induzierte Beschäftigte geschätzt. Für Europa werden 1,51 Mio. direkte und 2,65 Mio. indirekte und induzierte Beschäftigung ermittelt, für die USA liegen die entsprechenden Werte bei 1,8 bzw. 2,85 Mio. Beschäftigten. Obzwar auch in dieser Studie katalytische Effekte die Wirkungen des Handels, des Tourismus, der Investitionen, der Produktivität und Markteffizienz, des Arbeitsangebots und Konsumentenwohlfahrt erfassen (siehe Ausführungen in Kapitel 2 zur Messung katalytischer Effekte), werden quantitative Angaben nur für die Effekte durch den Tourismus gemacht (ATAG, 2005, S. 5). Für 2004 werden dafür insgesamt 15,5 Mio. Beschäftigte ermittelt. Die höchsten Werte werden dabei für den Raum Asien / Pazifik mit 6,6 Mio. und für Europa mit 3,4 Mio. Beschäftigten berechnet. Die Effekte für die einzelnen Regionen auf die Beschäftigung und das Bruttoinlandsprodukt sind in Tabelle 14 zusammengefasst.

Die Beschäftigungsmultiplikatoren (Quotient aus den indirekten- plus induzierten Effekten geteilt durch die direkten Effekte) liegen zwischen 1,8 für Afrika, 1,75 für Europa, 1,73 für Lateinamerika, 1,7 für Asien / Pazifik, 1,65 für den Mittleren Osten und 1,58 für Nordamerika. Der weltweite durchschnittliche Beschäftigungsmultiplikator beträgt dann 1,7.

Die Werte für die katalytischen Effekte erfassen lediglich die Wirkungen des luftverkehrsbezogenen Tourismus und spiegeln einen wichtigen Aspekt der spill-over-Effekte wider, sie sind jedoch insbesondere für Europa und Nordamerika lediglich von geringerer Bedeutung im Vergleich zu verschiedenen Kriterien der Standortattraktivität für Unternehmen.

4.2 Empirische Analysen für die USA und Kanada

In einem Überblick zu den ökonomischen Effekten von Flughäfen in den USA schätzt Airports Council International (ACI, 2002) für das Jahr 2001 die Beschäftigung insgesamt auf 6,7 Mio., wobei 1,9 Mio. auf die direkte Beschäftigung entfallen.

Tabelle 14: Effekte des Luftverkehrs auf Beschäftigung und Bruttoinlandsprodukt

Beschäftigung in Mio.	Afrika	Asien / Pazifik	Europa	Latein-Amerika / Karibik	Mittlerer Osten	Nord-Amerika
Direkte	0,17	1,18	1,51	0,20	0,17	1,80
Indirekte	0,21	1,36	1,82	0,25	0,19	1,92
Induzierte	0,09	0,63	0,83	0,11	0,09	0,93
Katalytische (Tourismus)	2,60	6,60	3,40	1,60	0,50	0,80
Total	3,07	9,77	7,56	2,16	0,95	5,45
Bruttoinlandsprodukt in Mio. US $	Afrika	Asien / Pazifik	Europa	Latein-Amerika / Karibik	Mittlerer Osten	Nord-Amerika
Direkte	4,19	54,51	98,56	7,63	5,96	158,10
Indirekte	4,86	64,23	120,35	8,82	6,96	169,60
Induzierte	2,26	29,68	54,73	4,11	3,23	81,92
Katalytische (Tourismus)	44,20	540,10	768,10	101,40	46,00	583,20
Total	55,51	688,52	1041,74	121,96	62,15	992,82

Quelle: Air Transport Action Group (ATAG), 2005, S.8, S.23 ff

Die daraus resultierenden Einkommenseffekte werden für 2001 mit 190,2 Mrd. US$ und die entsprechenden Steuereffekte mit 33,5 Mrd. US$ angegeben. Für 2013 wird auf der Grundlage von Annahmen über das zukünftige Wachstum und das internationale Passagieraufkommen von 3,8% und 5,6% für 2013 Beschäftigungseffekte von insgesamt 9,9 Mio. geschätzt.

Beispielhaft werden die wichtigsten Ergebnisse von Fallstudien für einzelne Flughäfen in den USA zusammengefasst (ACI, 2002, S. 10 ff.).

Die in der Studie von ACI (2002) berechneten indirekten und induzierten Effekte sind sicherlich zu hoch, da sie von einem Multiplikator von 2,5 ausgehen.

Dieses Resultat entspricht auch nicht den Angaben der neueren Studie von ATAG (2005), die für die USA einen Beschäftigungsmultiplikator von 1,6 ausweist. Die katalytischen Effekte werden dabei allerdings nicht behandelt.

Für die USA wurde in den vergangenen Jahren eine Vielzahl von empirischen Studien zu den ökonomischen Effekten einzelner Flughäfen erstellt. Dabei werden die direkten, indirekten und induzierten Wirkungen berechnet, katalytische Effekte werden nach unterschiedlichen Konzepten ermittelt.

Tabelle 15: Ökonomische Effekte des nationalen und internationalen Flughafens von Washington D. C. für 2002

	Gesamt	Reagan National Airport	Dulles International Airport
Beschäftigung Flughafen			
Direkt	27 551	8 709	18 842
Induziert	10 387	3 323	7 064
Indirekt	6 753	1 238	5 515
Summe	44 691	13 270	31 421
Tourismus	117 101	55 426	61 675
Gesamt	161 792	68 696	93 096
Einkommen (Mio. US$)			
Flughafen	2 416	745	1 671
Tourismus	2 599	1 230	1 369
Gesamt	5 015	1 975	3 040
Umsatz (Mio. US$)			
Flughafen	4 762	1 052	3 710
Tourismus	4 741	2 244	2 497
Gesamt	9 503	3 296	6 207
Steuern (Mio. US$)			
Flughafen	237	76	161
Tourismus	258	126	132
Gesamt	495	202	293
Luftverkehrsspezifische Steuern (Mio. US$)			
Gesamt	382	96	286

Quelle: Metropolitan Washington Airports Authority, 2003

Die ökonomischen Effekte werden für den internationalen (Dulles Airport) und den nationalen (Ronald Reagan Airport) Flughafen von Washington D. C. für das Jahr 2002 ermittelt (Metropolitan Washington Airports Authority, 2003). Die beiden Flughäfen hatten im Jahr 2002 ein Passagieraufkommen von 30,1 Mio. und ein Frachtaufkommen von 330,1 Tausend Tonnen. Die Wirkungen auf die Beschäftigung, das Einkommen, den Umsatz der Unternehmen und die Steuern sind in Tabelle 15 zusammengefasst.

Insgesamt sind etwa 162 Tausend Personen in Virginia, Maryland und Columbia von den Flughafenaktivitäten abhängig. Die direkte Beschäftigung wird dabei auf 27,5 Tausend, die indirekte und induzierte Beschäftigung auf 17,1 Tausend geschätzt, sodass der regionale Beschäftigungsmultiplikator 0,62 beträgt (Metropolitan Washington Airports Authority, 2003, S. 13). Die direkten und indirekten abhängigen Einkommen werden auf 5 Mrd. US$ und der entsprechende Umsatz auf 9,5 Mrd. US$ geschätzt. Von den aus den Flughafenaktivitäten resultierenden Steuereinnahmen von insgesamt 237 Mio. US$ erhalten Virginia 163 Mio. US$, Maryland 46 Mio. US$ und District Columbia 28 Mio. US$.

Die methodischen Grundlagen der Berechnung der einzelnen Effekte sind aus der Studie nicht zu ersehen, doch erscheint der regionale Beschäftigungsmultiplikator als plausibel. Die Höhe der Wirkungen aus dem Tourismus als Teil der katalytischen Effekte dominiert die Gesamteffekte.

Tabelle 16: Ökonomische Effekte für die Flughäfen in Virginia für 2002

	Beschäftigung	Einkommen (Mio. US$)
Direkte Effekte durch die Flughäfen	8 190	275,37
Direkte Effekte durch Besucher-Ausgaben	17 103	266,43
Spin-Off Effekte (induzierte Effekte)	13 451	379,57
Gesamte ökonomische Effekte (ohne Flughäfen von Washington)	**38 744**	**921,38**
Standorteffekte	23 606	773,17
Reagan Washington National Airport (Effekte für Virginia)	35 779	1 026,89
Washington Dulles International Airport (Effekte für Virginia)	65 961	2 122,56
Gesamte ökonomische Effekte für Virginia	**164 091**	**4 844,01**

Quelle: HNTB Corp., u. a., 2004, S. 3-2

In Ergänzung zu der Studie für den nationalen und internationalen Flughafen von Washington D.C. wurde 2004 eine empirische Analyse für den US-Bundesstaat Virginia vorgelegt (HNTB Corp., u. a., 2004).

Es werden die Effekte für die direkten ökonomischen Aktivitäten auf dem Flughafen und die Wirkungen der Ausgaben der Besucher des Flughafens für das Jahr 2002 abgeschätzt. Weiterhin werden flughafenabhängige Effekte errechnet, die die Standortattraktivität erfassen sollen. Schließlich werden die Multiplikatorwirkungen („Spin-off impacts") als induzierte Effekte ausgewiesen, indirekte Wirkungen werden jedoch nicht ermittelt. Die gesamten Beschäftigungseffekte werden für Virginia auf etwa 164.000 und das Einkommen auf rund 4,85 Mrd. US$ geschätzt. Die einzelnen ökonomischen Effekte werden in Tabelle 16 zusammengefasst.

Die induzierten Effekte werden mit Hilfe eines regionalen Input-Output-Modells IMPLAN (Impact Analysis for Planning) für Virginia berechnet. Die Studie beinhaltet weiterhin einen Vergleich der Effekte für 1986, 1988, 1995 und 2001 sowie eine Sensitivitätsanalyse für zwei unterschiedliche Entwicklungspfade des Luftverkehrs nach dem 11. September 2001 und eine Szenario-Analyse für 2020 unter Berücksichtigung der Ausbaupläne für einzelne Flughäfen in Virginia.

Tabelle 17: Ökonomische Effekte für den Flughafen Minneapolis/St. Paul 2004

	Flughafenaktivitäten	*Tourismus*	*Gesamt*
Beschäftigung			
Direkt	28 545	60 516	89 061
Induziert	26 406	22 072	48 478
Indirekt	11 264	4 573	15 837
Gesamt	66 215	87 161	153 376
Einkommen (Mio. US$)			
Direkt	1 456,3	988,2	2 444,5
Induziert	2 197,7	788,4	2 986,1
Indirekt	438,7	95,6	534,3
Gesamt	4 092,7	1 872,2	5 964,9
Umsatz (Mio. US$)	7 039,5	3 649,2	10 688,7
Steuern (Mio. US$)	429,7	196,6	626,3

Quelle: J. C. Martin Associates, 2005, S. 3

Mit 37,66 Mio. Passagieren und 532 Tausend Flugbewegungen im Jahre 2005 ist der Flughafen Minneapolis/St. Paul einer der größten Flughäfen in den USA. In einer empirischen Studie von J. C. Martin Associates (2005) werden die ökonomischen Effekte für das Jahr 2004 ermittelt (Tabelle 17).

Der regionale Beschäftigungsmultiplikator wird in dieser Analyse in Bezug auf die direkt auf den Flughafen bezogenen Aktivitäten auf 1,32, im Hinblick auf die gesamten Effekte (mit Tourismus) auf 0,72 geschätzt. Die entsprechenden Einkommensmultiplikatoren betragen 1,81 bzw. 1,44. Ein Vergleich mit den Wirkungen für das Jahr 1999 zeigt (Martin Associates, 2005, S. 37 ff), dass die Beschäftigung auf dem Flughafen im Jahre 2004 gegenüber 1999 um 3.500 Personen gesunken ist und auch die gesamten Beschäftigungseffekte um 1900 Personen geringer waren (1999: 68.124). Im Gegensatz dazu wird in der Studie eine Zunahme der Beschäftigung infolge des Tourismus von 64.500 in 1999 auf 87.161 in 2004 geschätzt. Weitere empirische Analysen liegen für die Flughäfen von Houston, (Houston Airport System, 2003) und San Francisco (Bay Area Economic Forum, 2004) vor.

Ein zusammenfassender Überblick über die Studien für die USA vor 1998 findet sich in Erie, Kasarda, McKenzie (1998).

Auch für Kanada wurden für die wichtigsten Flughäfen die ökonomischen Effekte berechnet (ACI, 2002). Insgesamt werden für Kanada direkte Beschäftigungswirkungen in Höhe von 143.000 und direkte Einkommenseffekte von 4,8 Mrd. CDN$ ermittelt. Die entsprechenden gesamten Wirkungen werden auf 304.000 Beschäftigte und 10,1 Mrd. CDN$ für die Einkommen geschätzt. Eine neuere Studie für den Flughafen Ottawa (Sypher: Mueller International Inc., 2005) ermittelt für 2004 einen Beschäftigungsmultiplikator von 1,18 und einen Einkommensmultiplikator von 0,92 (Tabelle 18).

Im Vergleich zu 2000 ist ein Wachstum im Hinblick auf Beschäftigung und Umsatz, jedoch ein Rückgang der Einkommen zu beobachten.

Tabelle 18: Ökonomische Effekte des Flughafens Ottawa 2004

	Beschäftigung (Vollzeit-Äquivalent)	Einkommen (Mio. CDN$)	Umsatz (Mio. CDN$)
Direkt	3 914	146,80	541,40
Indirekt und Induziert	4 615	135,79	519,20
Gesamt	8 529	282,59	1 060,60
Vergleich 2000	7 857	299,00	958,00

Quelle: Sypher: Mueller International Inc., 2005, S. 31

Als Fazit kann im Hinblick auf den zentralen Indikator, die Beschäftigungswirkungen, festgestellt werden, dass der gesamtwirtschaftliche Multiplikator für die USA bei 1,6 und für Kanada bei 1,13 liegt.

Die regionalen Multiplikatoren weichen wegen der unterschiedlichen räumlichen Abgrenzungen zum Teil erheblich voneinander ab.

Für Virginia beträgt er 1,64, für einzelne Flughäfen liegt der Wert zwischen 0,62 für die Flughäfen Washingtons, 1,18 für den Flughafen Ottawa und 1,3 für den Flughafen Minneapolis/St. Paul.

4.3 Empirische Analysen für Europa

In einer Studie der ACI (1998) werden für die wichtigsten Flughäfen in Europa die direkten, indirekten und induzierten Beschäftigten- und Einkommenseffekte, aber auch die katalytischen Wirkungen geschätzt. Die Beschäftigungsintensität ist für die einzelnen Flughäfen in Europa sehr unterschiedlich (siehe Tabelle 19).

Tabelle 19: Beschäftigungsintensität für ausgewählte Flughäfen in Europa

Jahr	Flughafen	Beschäftigte pro 1 Mio. Passagiere und Jahr		
		Direkt	Direkt/Indirekt/Induziert	Katalytisch
1997	Amsterdam	1 581	2 387	710
1994	Barcelona	458	921	5 826
1994	Birmingham	1 008	1 487	399
1993	Brüssel	1 980	2 991	882
1997	Düsseldorf	774	1 740	2 269
1995	Malaga	395	1 167	16 563
1993	Manchester	1 457	2 343	1 979
1994	Mailand	649	2 633	1 185
1994	Newcastle	867	1 112	4 924
1996	Oslo	854	2 049	901

Quelle: ACI, 1998, S. 17, S. 27

Als Durchschnitt pro Jahr wird für die europäischen Flughäfen geschätzt, dass die direkten Beschäftigungseffekte 1.100 Beschäftigte, die indirekten und induzierten ebenfalls 1.100 Beschäftigte und die katalytischen Wirkungen 1.800 Beschäftigte pro 1 Mio. Passagiere betragen, sodass der gesamte jährliche Effekt auf 4.000 Beschäftigte pro 1 Mio. Passagiere geschätzt wird (ACI, 1998, S. 2).

In einer neueren Studie (ACI, 2004) werden die ökonomischen Effekte von 59 Flughäfen (von 331) in Europa (ACI, 2004, S. 59,60) mit insgesamt 63% des gesamten Passagieraufkommens in Europa betrachtet. Für das Jahr 2001 werden 1,2 Mio. Beschäftigte auf den Flughäfen („on-site"), weitere 0,2 Mio. flughafenaffine Beschäftigte („airport-related") ermittelt.

Für 2010 wird eine Steigerung der Flughafenbeschäftigten um 0,2 Mio. auf 1,4 Mio. erwartet. Weiterhin wird aufgrund der Datenerhebung für 2001 geschätzt, dass der gesamtwirtschaftliche Beschäftigungsmultiplikator 2,1, der regionale 1,1 und der lokale („subregionally") 0,5 beträgt.

Diese beiden regionalen Multiplikatoren sind jedoch von der Abgrenzung des Untersuchungsraumes abhängig. Schließlich wird die durchschnittliche jährliche Intensität der Beschäftigung auf 925 Beschäftigte pro 1 Mio. Passagiere geschätzt (Tabelle 20).

Im Vergleich zu der Studie der ACI (1998), die für die durchschnittliche Beschäftigungsintensität einen Wert von 1.100 ausweist, wird für 2001 wegen steigender Arbeitsproduktivität ein Rückgang der Beschäftigungsintensität ermittelt.

Tabelle 20: Durchschnittliche Beschäftigungsintensität der Flughäfen in Europa 2001

Passagiere 2001 in Mio.	Flughafen-Beschäftigte pro 1 Mio. Passagiere
> 50	985
20-49	867
10-19	934
5-9	793
1-4	1 034
< 1	1 724
Gesamt	925

Quelle: ACI, 2004, S. 35

Der Beitrag der Flughäfen zum Bruttoinlandsprodukt wird auf 1,4% bis 2,5% geschätzt, wobei die Wirkungen durch den Tourismus nicht berücksichtigt sind.

In einer empirischen Studie zur Quantifizierung der katalytischen Effekte in Europa (Cooper, Smith, 2005) wird der Beitrag der katalytischen Effekte zum Bruttoinlandsprodukt höher als der gesamte Effekt aus direkten, indirekten und induzierten Effekten geschätzt.

Insbesondere die Angebotseffekte aus den Investitionen und Standortentscheidungen, den geänderten Marktstrukturen und den Innovationspotenzialen werden als besonders wirksam beurteilt (Tabelle 21 und Tabelle 22).

So werden die Anteile der Effekte des Luftverkehrs am Bruttoinlandsprodukt für Tourismus und Handel auf 0,3% für EU-25 und 0,2 % für EU-15 in 2003 und für 2025 auf 1,3% (EU-25) und 1,5% (EU-15) geschätzt. Die Wirkungen auf die Investitionen und die Faktorproduktivität werden dagegen weit höher mit 4,0% (EU-25) und 3,6% (EU-15) ermittelt, wobei allerdings die geschätzten Werte für 2025 mit 1,8% bzw. 1,7% deutlich niedriger sind.

Die Analyse wird durch eine langfristige Szenario-Betrachtung bis 2025 ergänzt, in der vier Alternativen formuliert werden (Cooper, Smith, 2005, S. 63 ff) und Annahmen über die langfristige Luftverkehrsentwicklung gemacht werden.

Tabelle 21: Katalytische Effekte des Luftverkehrs in Europa (Tourismus und Handel)

	EU-25		EU-15		ACC-10	
	2003	2025	2003	2025	2003	2025
Nettoeffekt Tourismus (Anteil am BIP in %)	-0,3%	-0,2%	-0,4%	-0,2%	+0,4%	+0,1%
Nettoeffekt Handel (Anteil am BIP in %)	+0,6%	+1,5%	+0,6%	+1,7%	-0,4%	-0,7%
Gesamt	+0,3%	+1,3%	+0,2%	+1,5%	0,0%	-0,6%
Katalytischer Effekt in Mrd. € in jeweiligen Preisen	+24	+186	+24	+195	0	-9

Quelle: Cooper, Smith, 2005, S. 49

Tabelle 22: Katalytische Effekte des langfristigen Wachstums des Luftverkehrs in Europa (Investitionen und Faktorproduktivität)

	EU-25		EU-15		ACC-10	
	2003	2025	2003	2025	2003	2025
Langfristiger Effekt für Investitionen und Produktivität (Anteil am BIP in %)	+4,0%	+1,8%	+3,6%	+1,7%	+9,4%	+2,7%
Langfristiger Effekt für das Bruttoinlandsprodukt (Mrd. € in jeweiligen Preisen)	+410	+200	+340	+170	+50	+30

Quelle: Cooper, Smith, 2005, S. 49

Diese Prognosen werden verwendet, um die zukünftig zu erwartenden Effekte für den Handel, den Tourismus sowie die Investitionsentscheidungen und die Produktivitätsentwicklungen zu schätzen (Cooper, Smith, 2005, S. 63 ff.).

4.4 Empirische Analysen für Deutschland

Die gesamtwirtschaftliche und regionale Bedeutung der ökonomischen Effekte im Hinblick auf die Wertschöpfungskette und insbesondere die Arbeitsplätze ist in den vergangenen zehn Jahren auch in Deutschland erkannt worden und hat zu empirischen Analysen der Produktions-, Wertschöpfungs-, Einkommens- und Beschäftigungseffekte für wichtige Flughäfen in Deutschland geführt.

68

Abbildung 7: Ökonomische Effekte für den Flughafen Hamburg 1994

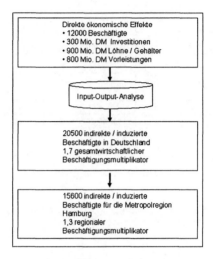

Direkte ökonomische Effekte
• 12000 Beschäftigte
• 300 Mio. DM Investitionen
• 900 Mio. DM Löhne / Gehälter
• 800 Mio. DM Vorleistungen

Input-Output-Analyse

20500 indirekte / induzierte
Beschäftigte in Deutschland
1,7 gesamtwirtschaftlicher
Beschäftigungsmultiplikator

15600 indirekte / induzierte
Beschäftigte für die Metropolregion
Hamburg
1,3 regionaler
Beschäftigungsmultiplikator

Quelle: Empirica, 1996, S. 18

Empirica (1996) hat eine Berechnung der ökonomischen Effekte des Flughafens Hamburg für das Jahr 1994 vorgelegt. Dabei werden die direkten, indirekten und induzierten Wirkungen geschätzt. Als methodischer Ansatz wird die Input-Output-Analyse verwendet. Die katalytischen Effekte werden nicht einbezogen (vgl. Aring, 2001, S. 157 ff). Die direkten Beschäftigten auf dem Flughafen Hamburg betragen 1994 insgesamt 12000, die Investitionen werden auf 300 Mio. DM, Löhne und Gehälter auf 900 Mio. DM und die Vorleistungen auf 800 Mio. DM geschätzt.

Mit Hilfe der Input-Output-Analyse werden auf dieser Grundlage 20500 indirekte und induzierte Beschäftigte in Deutschland und damit ein gesamtwirtschaftlicher Beschäftigungsmultiplikator von 1,7 berechnet. Der regionale Beschäftigungsmultiplikator für die Metropolregion Hamburg wird mit 1,3 ausgewiesen (Abbildung 7).

Bulwien, (1998a) berechnet für den Flughafen Nürnberg gesamtwirtschaftliche und regionale Effekte für 1996 im Hinblick auf die Produktion, die Wertschöpfung und die Beschäftigten (Tabelle 23).

Der gesamtwirtschaftliche Beschäftigungsmultiplikator wird mit 1,96, der entsprechende Multiplikator für die Flughafenregion (vgl. zur Abgrenzung: Bulwien, 1998a, S. 15 ff.) mit 1,46 geschätzt. In der Studie von Baum, et al. (1998) werden für den Flughafen Köln/Bonn für das Jahr 1996 im Vergleich zu anderen Studien unter Verwendung des Input-Output-Tabelle des Jahres 1993 weit höhere Multiplikatoren ermittelt.

Tabelle 23: Ökonomische Effekte für den Flughafen Nürnberg 1996

	Gesamtwirtschaftliche Effekte		
	Produktion in Mio.DM	Zusätzliche Wertschöpfung In Mio.DM	Beschäftigung
Direkte Effekte	354		3 158
Indirekte Effekte	631	311	3 978
Induzierte Effekte	388	196	2 202
Gesamt	1 373	507	9 338
Beschäftigungs-Multiplikator		1,96	

	Effekte in der Flughafenregion		
	Produktion in Mio.DM	Zusätzliche Wertschöpfung In Mio.DM	Beschäftigung
Direkte Effekte	224		3 158
Indirekte Effekte	391	199	2 590
Induzierte Effekte	359	182	2 036
Gesamt	974	380	7 784
Beschäftigungs-Multiplikator		1,46	

Quelle: Bulwien, 1998a, S. 91

So wird der gesamtwirtschaftliche Beschäftigungsmultiplikator mit 3,04, der regionale auf 2,31 geschätzt. Auch die entsprechenden Einkommensmultiplikatoren sind mit 2,65 bzw. 2,0 überdurchschnittlich hoch ausgewiesen (siehe Tabelle 24).

Die fiskalischen Wirkungen werden für 1996 mit 426 Mio. DM angegeben (Baum, et al., 1998, S. 82). Weiterhin wird in der Studie versucht, den Nutzen des Flughafens Köln/Bonn im Hinblick auf Kostenersparnissen und Verbesserung der Exportchancen zu erfassen. Für 1995 wird für diesen Nutzen eine Spanne von 3,2 bis 3,6 Mrd. DM angegeben (Baum, et al., 1998, S. 160).

Die externen Kosten aus dem Luftverkehr in Bezug auf Lärm-, Luftverschmutzungs- und Klimakosten werden auf 518 Mio. DM geschätzt.

Tabelle 24: Ökonomische Effekte für den Flughafen Köln/Bonn 1996

	Produktion (Mio. DM)	Beschäftigung	Einkommen (Mio. DM)
Gesamtwirtschaftliche Effekte			
Direkte Effekte	1 656,62	7 360	403,63
Indirekte / Induzierte Effekte	3 833,76	22 388	1 068,80
Gesamt	5 490,38	29 748	1 472,43
Multiplikatoren	2,31	3,04	2,65
Regionalwirtschaftliche Effekte			
Direkte Effekte	1 656,62	7 360	403,63
Indirekte / Induzierte Effekte	2 828,91	16 993	806,65
Gesamt	4 485,53	24 353	1 210,28
Multiplikatoren	1,71	2,31	2,00

Quelle: Baum, et al., 1998, S. 70 ff.

Schließlich werden auch die Standorteffekte des Flughafens analysiert. Dazu wird eine Unternehmensbefragung von insgesamt 3323 Unternehmen aus den Kammerbezirken Köln und Bonn durchgeführt, wobei schließlich nur Unternehmen einbezogen werden, die den Flughafen als unabdingbaren Standortfaktor ansehen und deshalb als „flughafenaffin" bezeichnet werden können.

Tabelle 25: Ökonomische Effekte für den Flughafen Hannover 2001

	Bruttowertschöpfung	Vollzeitäquivalente Beschäftigte
Direkte Effekte	644 Mio. DM	6 000
Indirekte I Induzierte Effekte in Deutschland	1 337 Mio. DM	13 420
Indirekte I Induzierte Effekte in Niedersachsen	840 Mio. DM	8 455
Gesamtwirtschaticher Multiplikator	2,1	2,2
Regionaler Multiplikator	1,3	1,4

Quelle: Hübl, et al., 1998, S. 79

71

Der Nutzen aus dem Standortvorteil wird von Baum, et al. (1998) auf der Basis der durchschnittlichen Bruttowertschöpfung pro Kopf der flughafenaffinen Betriebe bewertet. Er beträgt für 1995 insgesamt 4,3 bis 4,5 Mrd. DM (Baum, et al., 1998, S. 185).

Für den Flughafen Hannover berechnen Hübl, et al. (2001) die ökonomischen Effekte für 1999 als direkte, indirekte und induzierte Wirkungen für die Bruttowertschöpfung und die vollzeitäquivalenten Beschäftigten (siehe Tabelle 25).

Der gesamtwirtschaftliche Beschäftigungsmultiplikator beträgt 2,2, der regionale wird mit 1,4 ausgewiesen. Die entsprechenden Wertschöpfungs-Multiplikatoren werden mit 2,1 und 1,3 ermittelt. Die Standortwirkungen werden mit Hilfe von qualitativen Kriterien unter Verwendung von Umfragedaten beschrieben (Hübl, et al., 2001, S 63 ff.). Schließlich werden für den Flughafen Hannover einige Trends aufgezeigt, die für die zukünftige Entwicklung des Flughafens eine entscheidende Bedeutung haben.

Tabelle 26: Ökonomische Effekte für den Flughafen Hahn 2003

	Beschäftigung	Produktionswert (Mio. €)	Brutto-Wertschöpfung (Mio. €)	Bruttolöhne- und- gehälter (Mio. €)
Direkte Effekte	2 315	208,9	109,0	47,2
Indirekte Effekte	2 233	247,7	118,9	51,1
Induzierte Effekte	968	89,3	46,0	20,1
Gesamt	5 516	545,9	273,9	118,4
Gesamtwirtschaftliche Multiplikatoren	1,4	1,6	1,5	1,5
Regionale indirekte / induzierte Effekte	1 630	168,5	83,0	35,9
Regionale Multiplikatoren	0,7	0,81	0,76	0,8
Incoming-Tourismus-Effekte für Rheinland-Pfalz	2 596	105,7	54,1	34,5

Quelle: Heuer, et al., 2005, S. 4

Heuer, et al. (2005) haben eine Analyse für den Flughafen-Hahn vorgelegt. Sie haben in dieser Studie die direkten, indirekten und induzierten Effekte, aber auch die katalytischen Wirkungen durch den Tourismus sowie die fiskalischen Effekte für das Jahr 2003 ermittelt. Darüber hinaus wurden auf der Grundlage von Prognosen für das Passagieraufkommen und die Fracht für 2015 die zu erwartenden ökonomischen Wirkungen geschätzt.

Im Jahre 2003 betrug das Auftragsvolumen insgesamt 145,4 Mio. €, davon waren 99,9 Mio. € Vorleistungen und 45,5 Mio. € Investitionen. Weiterhin waren 2315 Personen am Flughafen beschäftigt, die Bruttolöhne und – gehälter in Höhe von 47,2 Mio. € bezogen. Die direkten Effekte für die Produktion und die Bruttowertschöpfung werden mit Hilfe branchenspezifischer Kennziffern aus der Volkswirtschaftlichen Gesamtrechnung für Rheinland-Pfalz bestimmt (Heuer, et al., 2005, S. 38). Die regionale Abgrenzung erfolgt unter Berücksichtigung der vier Landkreise Bernkastel-Wittlich, Cochem-Zell, Birkenfeld und Rhein-Hunsrück-Kreis. Die wichtigsten Ergebnisse sind in Tabelle 26 zusammengefasst.

Die empirischen Ergebnisse zeigen, dass auch von einem relativ kleinen Flughafen doch erhebliche gesamtwirtschaftliche Beschäftigungseffekte ausgehen (Multiplikator: 1,4), und auch der regionale Multiplikator ist mit 0,7 vergleichsweise hoch.

Weiterhin ist bemerkenswert, dass die ökonomischen Wirkungen der am Flughafen Hahn einreisenden Touristen („Incoming Tourismus") mit insgesamt 2596 Beschäftigten durch einen Multiplikator von 1,12 gekennzeichnet sind.

Die von den ökonomischen Aktivitäten des Flughafens Hahn abhängigen Steuereinnahmen werden für 2003 auf insgesamt 47,1 Mio. € geschätzt.

Tabelle 27: Prognosen der ökonomischen Effekte für den Flughafen Hahn 2015

	Beschäftigung	Produktion (Mio. €)	Brutto-wertschöpfung (Mio. €)	Bruttolöhne und – gehäl-ter (Mio.€)
Direkte Effekte	*5 850*	*631,2*	*329,3*	*142,6*
Gesamtwirtschaftliche indirekte / induzierte Effekte	*8 190*	*1 009,9*	*494,0*	*213,9*
Regionale indirekte / induzierte Effekte	*4 095*	*505,0*	*263,4*	*114,1*

Quelle: Heuer, et al., 2005, S. 110-111

Aufgrund von Prognosen für die Anzahl der Passagiere und die Entwicklung der Fracht bis 2015 wird die Zahl der direkten Arbeitsplätze auf dem Flughafen auf 5850 geschätzt. Durch Multiplikation der Pro-Kopf-Indikatoren des Jahres 2003 für Produktion, Bruttowertschöpfung und Bruttolöhne und –gehälter mit der jährlichen Inflationsrate können die entsprechenden Kennzahlen für 2015 berechnet werden. Die indirekten und induzierten Wirkungen werden dann mit Hilfe der gesamtwirtschaftlichen und regionalen Multiplikatoren ermittelt. (siehe Tabelle 27).

Für den Flughafen Frankfurt / M. wurden zunächst im Rahmen des Mediationsverfahrens zwei empirische Studien zu den Einkommens- und Beschäftigungseffekten des Flughafens einerseits (Bulwien, et al., 1999) und zu den katalytischen Wirkungen durch Standortvorteile andererseits (Baum, et al., 1999) vorgelegt.

Dabei wurde eine Analyse für das Jahr 1998 durchgeführt. Die Unternehmen auf dem Flughafen wurden nach der Anzahl der Beschäftigten, nach ihren Wohnorten, den Arbeitsentgelten für die Beschäftigten, sowie nach Investitionen und laufenden Betriebsausgaben in regionaler (7 Regionen) und sektoraler (17 Wirtschaftssektoren) befragt. Zur Ermittlung der Standorteffekte wurden insgesamt rund 7000 Unternehmen in der Flughafenregion angeschrieben, 12 % betrug die Rücklaufquote. Darüber hinaus wurden in 50 ausgewählten Unternehmen Interviews durchgeführt. Die Entwicklungen bis 2015 werden in der Studie von Bulwien, et al. (1999) aufgrund von fünf Szenarien, in der Studie von Baum, et al. (1999) aufgrund von drei Szenario-Beschreibungen erfasst, die sowohl durch qualitative (Hub-Funktion) als auch durch quantitative Kriterien (wie Passagier-, Frachtaufkommen, Flugbewegungen) gekennzeichnet sind (vgl. auch Mediationsgruppe Flughafen Frankfurt / Main, 2000). Für den Status-quo des Jahres 1998 ergibt sich ein gesamtwirtschaftlicher Beschäftigungsmultiplikator von 1,77 und ein Einkommensmultiplikator von 2,01. Für Hessen sind die entsprechenden Multiplikatoren 1,29 bzw. 1,26 (Bulwien, et al., 1999, S. 239 ff.).

Für 2015 beträgt die Differenz zwischen einem Ausbau mit begrenzter Kapazität und einer Kapazitätsoptimierung ohne Ausbau (vgl. zur Szenarien-Beschreibung: Mediationsgruppe Flughafen Frankfurt / Main, 2000, S. 34/35) 56 bzw. 31 Tausend Beschäftigte.

Im Hinblick auf die Standorteffekte wird für 2015 erwartet, dass ein Szenario mit dem Verlust der Hub-Funktion bzw. ein Szenario mit einer Einschränkung der Frachtflüge im Vergleich zu einem Ausbau mit voller Kapazität zu einem Verlust von 50 bzw. 30 Tausend Arbeitsplätzen führt (Baum, et al., 1999, S. 249).

Im Rahmen des Raumordnungsverfahrens bzw. für das darauf folgende Planfeststellungsverfahren für den Flughafen Frankfurt / M. wird von Rürup, et al. (2004) die ökonomischen Effekte für 1999 und Aktualisierungen für 2000 und 2001 ermittelt.

Dabei wird der methodische Ansatz sowie die regionalen und sektoralen Abgrenzungen aus der Studie für die Mediationsgruppe verwendet, um die Vergleichbarkeit zu gewährleisten.

In der Unternehmensbefragung im Hinblick auf die Investitionen und laufenden Betriebsausgaben konnten 108 Unternehmen auf dem Flughafen mit 89,7 % der Beschäftigten einbezogen werden. Für 1999 ergibt sich der gesamtwirtschaftliche Beschäftigungsmultiplikator mit 1,77, die entsprechenden Werte für Hessen und den Regierungsbezirk Darmstadt sind 1,16 und 1,20 (Tabelle 28).

Tabelle 28: Vergleich der Beschäftigungseffekte für den Flughafen Frankfurt/M. 1999

	Deutschland	Hessen	Regierungsbezirk Darmstadt
Direkte Effekte	61 252	52 093	45 223
Summe aus Indirekte / induzierte Effekte	108 279	60 632	54 553
Multiplikator	1,77	1,16	1,20

Quelle: Rürup, et al., 2004, S. 83 ff.

Die Einkommensmultiplikatoren werden für Deutschland mit 1,86, für Hessen mit 1,04 und für den Regierungsbezirk Darmstadt mit 1,08 geschätzt.

Die Beschäftigungsmultiplikatoren für die Gesamtwirtschaft 2000 und 2001 liegen mit 2,0 und 2,1 etwas höher, die beiden regionalen Multiplikatoren bleiben konstant. Auch die gesamtwirtschaftlichen Einkommensmultiplikatoren differieren mit 1,8 (für 2000) und 1,94 (für 2001) nur geringfügig. Die beiden regionalen Einkommensmultiplikatoren für Hessen und den Regierungsbezirk Darmstadt liegen zwischen 0,95 und 1,0. Insgesamt kann gezeigt werden, dass die Ergebnisse auch für die verschiedenen Jahre stabil sind.

Weiterhin werden zwei Szenarien für den Ausbau und Nichtausbau mit quantitativen (z. B. Flugbewegungen, Passagiere, Fracht) und qualitativen Kriterien (z. B. Nachtflugverbot) für 2015 formuliert und den Unternehmen zur Schätzung vorgelegt. (Rürup, et al., 2004, S. 32 ff.). Auf dieser Grundlage werden die empirischen Ergebnisse ermittelt (Tabelle 29).

Bei der Interpretation der Prognosen ist zu berücksichtigen, dass die absoluten Werte in Abhängigkeit von den getroffenen Annahmen, beispielsweise der Entwicklung der Produktivitäten oder dem Reiseverhalten, nicht als Punktprognosen zu interpretieren sind.

Deshalb wird die Differenz zwischen den Ergebnissen der Szenarien zur Beurteilung herangezogen, da die Annahmen und damit auch mögliche Fehler in den Annahmen gleichermaßen in beide Szenarien eingehen. Somit wäre für 2015 insgesamt ein Beschäftigungsgewinn im Ausbau-Szenario von etwa 43 Tsd. zu erwarten.

Darüber hinaus wurde eine ergänzende Studie von Baum, et al. (2003) zu den Standortwirkungen des Flughafens Frankfurt / Main vorgelegt.

Tabelle 29: Gesamte flughafenabhängige Beschäftigung nach dem Wohnortprinzip für 2015 (Tsd. Beschäftigte)

	Deutschland	Hessen	Regierungsbezirk Darmstadt
Ausbau-Szenario	220	143	126
Nicht-Ausbau-Szenario	177	115	101
Differenz	43	28	25

Quelle: Rürup, et al., 2004, S. 165 ff

Dabei wurden für das Nicht-Ausbau-Szenario („Prognosenullfall") und das Ausbau-Szenario („Planungsfall") für die Region Frankfurt / Rhein-Main mit Hilfe eines multivariaten statistischen Ansatzes auf der Grundlage von Annahmen über die Entwicklung des Luftverkehrs bis zum Jahre 2015 die Differenz zwischen den beiden Szenarien für die Beschäftigten, die Arbeitsproduktivität und die Wertschöpfung berechnet. Als gesamter Beschäftigungseffekt (direkt, indirekt, induziert, katalytisch) ergibt sich für die Rhein-Main-Region ein Wert von 79 Tausend Beschäftigten.

Da diese Region dem Regierungsbezirk Darmstadt entspricht, können die katalytischen Effekte als Differenz zwischen 79 und 25 Tausend, d. h. mit 54 Tausend geschätzt werden. Für die Arbeitsproduktivität wird die prozentuale Differenz mit 4,6 % und für die Wertschöpfung mit 9,6 % berechnet (Baum, et al., 2003, Kap. 6.4.1).

Im Rahmen der Diskussion um den Ausbau des Flughafens Frankfurt / M. wurde eine empirische Studie von Schmid, et al. (2003) mit dem Ziel erstellt, die externen Kosten, d. h. die negativen externen Effekte des Flugverkehrs am Flughafen Frankfurt / M. zu quantifizieren. Dabei sollten die Effekte durch Luftschadstoffe, Lärm, Unfälle, durch Beeinträchtigung von Natur und Landschaft sowie durch Klimaveränderungen erfasst werden. Es werden vier Alternativen in einem Vergleich einbezogen:

- Ist-Situation 2000
- Referenzfall Null: Situation im Jahre 2015 ohne Ausbau
- Nordwest-Variante
- Nordost-Variante
- Süd-Variante

Es werden die externen Kosten der einzelnen Kategorien, wie Lärm, usw. einzeln ermittelt und dann zu den externen Kosten pro Jahr für die einzelnen Alternativen zusammengefasst (Abbildung 8).

76

Abbildung 8: Externe Gesamtkosten des Flughafens Frankfurt / Main

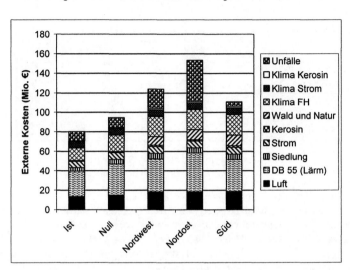

Quelle: Schmid, et al., 2003, S. 168 ff.

Unter den Ausbauvarianten verursacht die Süd-Variante insgesamt die geringsten Kosten, allerdings wäre ohne die Bewertung des Unfallrisikos die Nordwest-Variante am günstigsten (Schmid, et al., 2003, S. 171 ff.) Eine Analyse der durchschnittlichen externen Kosten pro Flugbewegung zeigt, dass diese lediglich in der Süd-Variante im Vergleich zum Ist-Zustand geringer sind. (Abbildung 9).

In der Studie werden weiterhin marginale externe Kosten, d. h. Kosten, die durch Start und Landung eines zusätzlichen Flugzeugs, differenziert nach Flugzeugtyp und Route, ermittelt (Schmid, et al., 2003, S. 213 ff.).

Schließlich werden auch Ansätze für die Umsetzung von Internalisierungs- und Preisgestaltungskonzepten in Form eines an den marginalen externen Kosten orientierten Entgeltsystems am Flughafen Frankfurt / M. diskutiert (Schmid, et al., 2003, S. 184 ff.).

Für den Flughafen München sind inzwischen zwei empirische Analysen zur Quantifizierung der ökonomischen Effekte vorgelegt worden (Bulwien, 1998b; Bayerisches Staatsministerium für Wirtschaft, Verkehr und Technologie, 2002 und 2004).

Bulwien (1998b) berechnet mit Hilfe der Input-Output-Analyse die Effekte für die Gesamtwirtschaft und die Flughafenregion (vgl. zur Abgrenzung: Bulwien, 1998b, S. 16 ff.) Die wichtigsten empirischen Ergebnisse sind in der Tabelle 30 zusammengefasst.

Abbildung 9: Durchschnittliche externe Kosten pro Flugbewegung

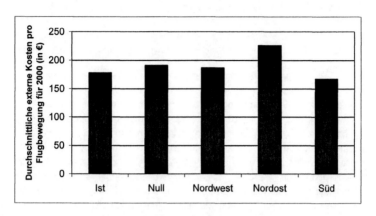

Quelle: Schmid, et al., 2003, S. 202

Tabelle 30: Ökonomische Effekte des Flughafens München 1996

	Produktion (Mio. DM)	Zusätzliche Wertschöpfung (Mio. DM)	Beschäftigung
Gesamtwirtschaft			
Direkte Effekte	1 990		16 883
Indirekte Effekte	3 440	1 780	22 125
Induzierte Effekte	2 090	1 060	11 876
Gesamt	7 520	2 840	50 884
Flughafenregion			
Direkte Effekte	1 200		16 883
Indirekte Effekte	2 100	1 100	14 400
Induzierte Effekte	1 300	700	7 800
Gesamt	4 600	1 800	39 083

Quelle: Bulwien, 1998b, S. 121/124

Der gesamtwirtschaftliche Beschäftigungsmultiplikator errechnet sich zu 2,01, der regionale Multiplikator beträgt 1,3 und der Multiplikator für die Flughafenregion einschließlich der Stadt München wird mit 1,62 ermittelt. Die Ergebnisse werden auch differenziert nach 12 Sektoren ausgewiesen (vgl. Bulwien, 1998b, S. 115 ff.). Eine längerfristige Prognose wird für die Beschäftigten auf dem Flughafen durchgeführt. Es wird geschätzt, dass im Jahre 2010 insgesamt 30100 auf dem Flughafen beschäftigt sind.

In einer aktuelleren Studie von 2002, die vom Bayerisches Staatsministerium für Wirtschaft, Verkehr und Technologie herausgegeben wurde, werden die Effekte des Flughafens München für das Jahr 2000 untersucht und eine Prognose bis zum Jahre 2015 durchgeführt. Die regionale Abgrenzung umfasst insgesamt 71 Gemeinden aus den Landkreisen Ebersberg, Erding, Freising, München und Landshut sowie die Stadt Landshut.

Bezogen auf die sozialversicherungspflichtigen Beschäftigten sind in diesem Untersuchungsgebiet nur etwa zwei Drittel der Beschäftigten der Flughafenregion tätig, die in der Studie von Bulwien (1998b) einbezogen wurden (Bayerisches Staatsministerium für Wirtschaft, Verkehr und Technologie, 2002, S. 117). Die induzierten Effekte werden aufgrund von zwei Alternativen ermittelt. In der ersten Alternative wird davon ausgegangen, „dass die Beschäftigten, wären sie nicht am Flughafen tätig, ein Alternativeinkommen in Höhe des Arbeitslosengeldes beziehen würden." (Bayerisches Staatsministerium für Wirtschaft, Verkehr und Technologie, 2002, S. 114). In der zweiten Alternative wird die Berechnung ohne Arbeitslosengeld durchgeführt und damit angenommen, dass nur die Differenz zwischen Arbeitseinkommen und Arbeitslosengeld multiplikatorwirksam wird, falls die Nachfrage der Flughafenbetriebe ausbliebe. Die Ergebnisse der ersten Alternative für das Jahr 2000 sind in Tabelle 31 zusammengefasst. Sie sind mit der Studie von Bulwien (1998b) für das Jahr 1996 vergleichbar.

Tabelle 31: Beschäftigungseffekte des Flughafens München 2000

	Gesamtwirtschaft	Untersuchungsgebiet
Direkte Effekte	20 180	20 180
Indirekte Effekte	22 236	6 671
Induzierte Effekte	16 738	6 695
Gesamt	59 154	33 546
Beschäftigungsmultiplikator	1,93	0,66

Quelle: Bayerisches Staatsministerium für Wirtschaft, Verkehr und Technologie, 2002,
S. 116

Die Abweichung des gesamtwirtschaftlichen Beschäftigungsmultiplikators von 1,93 für 2000 im Vergleich zur Studie von Bulwien (1998b) von 2,01 ist nicht wesentlich. Im Hinblick auf den regionalen Multiplikator würde der auf die Flughafenregion von Bulwien (1998b) übertragenen Wert 0,86 sein und deutlich vom Ergebnis für 1996 mit 1,31 abweichen.

Die Prognose für 2015 basiert auf zwei Annahmen für die zu erwartende Beschäftigungsintensität: 750 bzw. 820 Beschäftigte pro 1 Mio. Passagiere. Die Prognosen für 2010 und 2015 werden in Tabelle 32 wiedergegeben, wobei als gesamtwirtschaftlicher Beschäftigungsmultiplikator 1,9 und als regionaler Multiplikator 0,7 verwendet wird. Das Passagieraufkommen wird für 2015 auf 55,9 Mio. geschätzt.

79

Tabelle 32: Prognosen der Beschäftigungseffekte des Flughafens München für 2010 und 2015

	Beschäftigungsintensität 750		Beschäftigungsintensität 820	
	2010	2015	2010	2015
Direkte Effekte	33 400	42 000	36 300	45 800
Indirekte und induzierte Effekte in der Gesamtwirtschaft	64 500	81 100	70 100	8 850
Indirekte und induzierte Effekte im Untersuchungsgebiet	22 100	27 800	24 000	30 400

Quelle: Bayerisches Staatsministerium für Wirtschaft, Verkehr und Technologie, 2002, S. 119

Tabelle 33: Vergleich von Beschäftigungsmultiplikatoren für Flughäfen in Deutschland und Europa

	Beschäftigungsmultiplikator	
	Gesamtwirtschaftlich	Regional
Hamburg (1994)	1,70	1,30
Nürnberg (1996)	1,96	1,46
Köln / Bonn (1996)	3,04	2,31
Hannover (1999)	2,20	1,40
Frankfurt / Main (1999)	1,77	1,16
München (1996)	2,01	1,31 1,62 (mit Stadt München)
München (2000)	1,90	0,70 (71 Gemeinden, kleineres (2/3) Untersuchungsgebiet gegenüber Studie von 1996
Leipzig (2001)	1,82	1,08
Hahn (2003)	1,40	0,70
Für 58 europäische Flughäfen (1999)	2,10	1,10

In einer aktuelleren Schätzung wird nicht mehr ein Passagieraufkommen für 2015 von 55,9 Mio., sondern lediglich 45 Mio. unterstellt.

Daraus ergibt sich, dass der Zuwachs der direkten Beschäftigten zwischen 2000 und 2015 bei einer Beschäftigungsintensität von 850 von 25.600 auf 16.700 sinkt (Bayerisches Staatsministerium für Wirtschaft, Verkehr und Technologie, 2004, S. 10).

Insgesamt kann festgestellt werden, dass die für die Flughäfen in Deutschland errechneten gesamtwirtschaftlichen Beschäftigungsmultiplikatoren zwischen 1,7 und 2,2 schwanken. Eine Ausnahme ist lediglich die Studie zum Flughafen Köln / Bonn mit 3,04. Für den Durchschnitt aus 58 europäischen Flughäfen ergibt sich ein Wert von 2,1 (Tabelle 33).

Die regionalen Beschäftigungsmultiplikatoren sind kaum vergleichbar, da sehr unterschiedliche räumliche Abgrenzungen gewählt werden. Sie liegen in dem Intervall zwischen 0,7 und 1,4, wiederum erscheint der Multiplikator für den Flughafen Köln / Bonn zu hoch.

5 Gesamt- und regionalökonomische Effekte des Flughafens München

Inhalt dieses Kapitels ist eine empirische Analyse der gesamt- und regionalwirtschaftlichen Effekte des Flughafens München unter Berücksichtigung der aktuellen ökonomischen Rahmenbedingungen im Flughafenumland, der Verkehrs- und Unternehmensentwicklung auf dem Flughafen und einer Stärken-Schwächen-Analyse. Schließlich wird eine Prognose der ökonomischen Wirkungen bis 2020 durchgeführt.

5.1 Entwicklungstrends im Luftverkehr und Bedeutung des Flughafens München

Sowohl für die Luftverkehrsgesellschaften und die Flughäfen als auch für die Flugzeughersteller und deren Zulieferer sind Langfristprognosen zur Entwicklung des weltweiten Luftverkehrs und regionaler Teilmärkte von grundlegender Bedeutung. Der Ausbau von Flughäfen mit einem enormen Investitionsvolumen, den weitreichenden ökonomischen Interdependenzen und der hohen gesellschaftspolitischen Relevanz muss detailliert und überzeugend begründet werden. Die Flugzeughersteller müssen langfristig wirkende Forschungs- und Entwicklungsstrategien diskutieren, so beispielsweise im Hinblick auf einen verstärkten Einsatz von Großraumflugzeugen. Darüber hinaus sind die Implikationen und Konsequenzen des zunehmenden Marktanteils von Low-Cost-Carrier zu diskutieren.

Tabelle 34: Durchschnittliches jährliches Wachstum des Passagieraufkommens nach Regionen (2002 – 2020)

Region	Durchschnittl. jährliche Wachstumsrate in %
Afrika	3,9
Asien / Pazifik	5,8
Europa	3,6
Lateinamerika / Karibik	4,9
Mittlerer Osten	3,4
Nordamerika	3,8
WELT Ø	**4,0**

Quelle: ACI, 2003

Die Luftverkehrsentwicklung bis 2020 wird sehr positiv eingeschätzt. So wird erwartet, dass das Passagieraufkommen von 3.422 Mio. in 2002 im weltweiten Durchschnitt um jährlich 4% wächst. Besonders hohe Dynamik wird in Asien (5,8%) und Lateinamerika (4,9%) erwartet, die Entwicklung in Europa und Nordamerika wird geringfügig unterdurchschnittlich eingeschätzt.

Im Hinblick auf die Flugbewegungen wird ausgehend von 64,8 Mio. Passagieren weltweit im Jahre 2002 eine jährliche Wachstumsrate von 2,5% bis 2020 prognostiziert, wobei Asien wiederum mit 4,3% die höchste Wachstumsrate aufweist. Für Europa wird eine durchschnittliche Entwicklung angenommen (Tabelle 35).

Tabelle 35: Durchschnittliches jährliches Wachstum der Flugbewegungen nach Regionen (2002 - 2020)

Region	Durchschnittl. jährliche Wachstumsrate in %
Afrika	3,2
Asien / Pazifik	4,3
Europa	2,5
Lateinamerika / Karibik	3,3
Mittlerer Osten	2,1
Nordamerika	1,9
WELT Ø	**2,5**

Quelle: ACI, 2003

Die langfristige Entwicklung des Luftfrachtverkehrs wird von ACI (2003) im weltweiten Durchschnitt mit einer Steigerung von jährlich 4,4% geschätzt. Asien und Afrika weisen mit 6,4% bzw. 5,7% eine hohe Dynamik auf, während für Europa und Nordamerika mit leicht unterdurchschnittlichen Wachstumsraten gerechnet wird (Tabelle 36). Weltweit beträgt die Luftfracht im Jahre 2002 69,9 Mio. Tonnen, für Europa werden 13,6 Mio. Tonnen und für Nordamerika 20,6 Mio. Tonnen befördert.

Tabelle 36: Durchschnittliches jährliches Wachstum des Luftfrachtverkehrs nach Regionen (2002 - 2020)

Region	Durchschnittl. jährliche Wachstumsrate in %
Afrika	5,7
Asien / Pazifik	6,4
Europa	3,8
Lateinamerika / Karibik	4,7
Mittlerer Osten	3,9
Nordamerika	3,0
WELT Ø	**4,4**

Quelle: ACI, 2003

Betrachtet man die Stellung des Flughafens München unter diesen Rahmenbedingungen, so ist dieser durch eine hohe Beschäftigungsintensität (für 2003: 964 Beschäftigte pro 1 Mio. Passagiere), durch hohes Passagier- und Frachtaufkommen, internationale Verkehrsnetze und Linienflugdienste gekennzeichnet.

Es wird – ebenso wie für den Flughafen Frankfurt / M. – ein hohes Entwicklungspotenzial erwartet.

Die Beschäftigungsintensität des Flughafens Frankfurt / M. liegt im Jahre 2004 bei 1330, für den Flughafen Nürnberg wird ein Wert von 1083 und für Köln/Bonn ein Wert von 1314 ebenfalls für 2004 ausgewiesen.

Tabelle 37: Flughafen München im europäischen Vergleich für 2002

Rang	Passagiere in Mio.		Fracht in Tsd. t		Flugbewegungen in Tsd.	
1	London (Heathrow)	63,34	Frankfurt	1 631	Paris (Charles de Gaulle)	510
2	Frankfurt	48,45	Paris (Charles de Gaulle)	1 626	London (Heathrow)	467
3	Paris (Charles de Gaulle)	48,35	London (Heathrow)	1 311	Frankfurt	458
4	Amsterdam	40,73	Amsterdam	1 289	Amsterdam	417
5	Madrid	33,91	Luxemburg	550	Madrid	368
6	London (Gatwick)	29,63	Brüssel	514	**München**	**344**
7	Rom	25,34	Köln	509	Rom	283
8	Paris (Orly)	23,17	Kopenhagen	374	Zürich	282
9	**München**	**23,16**	Zürich	333	Barcelona	271
10	Barcelona	21,35	Madrid	331	Kopenhagen	267
11	Manchester	19,02	Lüttich	327	Brüssel	257
12	Kopenhagen	18,2	Mailand	294	Stockholm	246
13	Zürich	17,9	Toledo	293	London (Gatwick)	242
14	Palma de Mallorca	17,83	London (Gatwick)	254	Mailand	215
15	Mailand	17,44	Istanbul	216	St. Petersburg	213
16	Stockholm	16,54	London (Stansted)	197	Paris (Orly)	211
17	London (Stansted))	16,05	Moskau	179	Wien	206
18	Dublin	15,08	Rom	176	Manchester	192
19	Düsseldorf	14,75	**München**	**167**	Düsseldorf	190
20	Brüssel	14,41	Stockholm	155	Nizza	189

Quelle: ACI, 2003

Die Bedeutung und das Entwicklungspotenzial von München zeigen sich auch anhand eines Vergleichs mit anderen Flughäfen in Europa.

So nimmt München im Hinblick auf die Anzahl der Passagiere im Jahre 2002 mit 23,16 Mio. den 9. Platz ein, in Bezug auf das Frachtaufkommen mit 167 Tsd. Tonnen den 19. Platz, jedoch bei der Anzahl der Flugbewegungen mit 344 Tsd. den 6. Platz nach den großen internationalen Flughäfen Paris (Charles de Gaulle), London (Heathrow), Frankfurt / M, Amsterdam und Madrid.

Neben den für das Entwicklungspotenzial wichtigen strategischen Größen Passagier- und Frachtaufkommen sowie Flugbewegungen ist gerade für die Bewertung der katalytischen Effekte die Standortattraktivität von zentraler Bedeutung. Nach einer neueren Analyse der Standortattraktivität von europäischen Städten (siehe Tabelle 38) hat München aufgrund einer Umfrage von 501 europäischen Unternehmen für die vier wichtigsten Bewertungskriterien (Zugang zu Märkten, Kunden und Verbrauchern; Verfügbarkeit von qualifiziertem Personal; externe Verkehrsanbindungen; Qualität der Telekommunikationseinrichtungen) Prioritäten zwischen 7 und 12 (siehe Tabelle 38).

Tabelle 38: Standortattraktivität für Unternehmen in Europa 2003

Stadt (TOP 15 des Gesamtrankings)	Ausgewählte Bewertungskriterien			
	Zugang zu Märkten, Kunden und Verbrauchern	Verfügbarkeit von qualifiziertem Personal	Externe Verkehrsanbindungen (national / international)	Qualität der Telekommunikationseinrichtungen
London	1	1	1	1
Paris	2	2	2	2
Frankfurt	3	3	3	3
Brüssel	4	5	5	8
Amsterdam	5	6	4	6
Barcelona	10	12	10	18
Madrid	7	8	9	11
Berlin	9	12	11	5
Mailand	6	4	7	13
München	12	7	11	9
Zürich	16	10	6	11
Dublin	23	10	22	19
Manchester	8	9	7	9
Genf	17	19	18	16
Lissabon	20	28	22	25

Quelle: Cushman & Wakefield Healey & Baker, 2003

Die Bedeutung des Flughafens München, die durch die strategischen quantitativen Merkmale, wie Passagier- und Frachtaufkommen sowie Flugbewegungen gekennzeichnet ist, spiegelt sich somit auch in den weichen Standortfaktoren wider (Cushman & Wakefield, 2003).

Somit kann erwartet werden, dass das zukünftige Entwicklungspotenzial im Hinblick auf einen möglichen Ausbau und in Bezug auf eine Qualitätssteigerung des Luftverkehrsangebots ausgeschöpft werden kann.

5.2 Ökonomische Rahmenbedingungen für den Flughafen München

Um die gesamtwirtschaftlichen und regionalen Wirkungen des Flughafens beurteilen zu können, ist es notwendig, die ökonomischen Rahmenbedingungen anhand der längerfristigen Entwicklung von wichtigen Indikatoren, wie Wohnbevölkerung, Erwerbstätige und Bruttowertschöpfung zu analysieren. Dazu ist zunächst eine geeignete Abgrenzung der Flughafenregion zu finden. In der Studie von 2002, die das Bayerische Staatministerium für Wirtschaft, Verkehr und Technologie herausgegeben hat, wurden insgesamt 71 Städte und Gemeinden einbezogen:

- 4 Gemeinden des Landkreises Ebersberg
- 26 Städte und Gemeinden des Landkreises Erding
- 24 Städte und Gemeinden des Landkreises Freising
- 8 Städte und Gemeinden des Landkreises München
- Gemeinden des Landkreises Landshut
- Stadt Landshut.

Im Gegensatz dazu verwendet Bulwien (1998b) eine weitere regionale Abgrenzung und berücksichtigt in der Flughafenregion die Landkreise Freising, Erding, Ebersberg, München sowie den Landkreis und die Stadt Landshut. In beiden regionalen Abgrenzungen wird die Stadt München nicht der Flughafenregion zugerechnet. Sie wird jedoch in den empirischen Analysen explizit und im Zusammenhang mit der Flughafenregion behandelt. Bulwien (1998b) analysieren zusätzlich noch eine engere regionale Abgrenzung, das sog. Flughafenumland, das aufgrund eines Erreichbarkeitskriteriums abgegrenzt wird und alle Gemeinden umfasst, die vom Flughafen innerhalb von 30 Minuten zu erreichen sind. Dies sind 44 Gemeinden aus den Landkreisen Freising, Erding, Ebersberg, Münchens und Landshut einschließlich des Stadtkreises Landshut. Für die eigenen empirischen Analysen wird die Definition der Flughafenregion von Bulwien (1998b) verwendet, da unter dem Aspekt der ökonomischen Verflechtungswirkungen eine weitere Abgrenzung zweckmäßiger erscheint. Die regionale Abgrenzung der Studie von 2002 konnte nicht zum Vergleich herangezogen werden, da keine empirischen Informationen über die Anstoßeffekte für das Jahr 2000 vorlagen. Diese Abgrenzung beinhaltet im Vergleich zur Definition der Flughafenregion gemäß der Studie von Bulwien (1998b) ein kleineres Untersuchungsgebiet und erfasst rund zwei Drittel der sozialversicherungspflichtig Beschäftigten der Flughafenregion (Bayerisches Staatsministerium für Wirtschaft, Verkehr und Technologie, 2002, S. 117).

Um die makroökonomischen Rahmenbedingungen der Aktivitäten des Flughafens München zu beschreiben, sollen die längerfristigen Entwicklungen einiger wichtiger Indikatoren für unterschiedliche Regionen in Bayern analysiert werden, wobei insbesondere der Vergleich der Flughafenregion mit den anderen Regionen von Interesse ist.

In der Tabelle 39 ist die Entwicklung der Wohnbevölkerung in einzelnen Regionen Bayerns und für Bayern insgesamt in absoluten Größen für ausgewählte Jahre zwischen 1990 und 2002 dargestellt.

Tabelle 39: Wohnbevölkerung in Bayern 1990 –2002

	1990	1992	1994	1996
Stadt München	1 220 233	1 241 353	1 250 650	1 231 514
Flughafen-region	765 161	795 676	814 519	832 051
Oberbayern	3 763 009	3 880 420	3 953 698	3 984 780
Bayern insgesamt	11 342 774	11 676 287	11 890 374	12 015 798
	1998	2000	2002	
Stadt München	1 193 536	1 201 744	1 231 916	
Flughafen-region	850 224	875 080	901 809	
Oberbayern	3 989 788	4 055 867	4 154 241	
Bayern insgesamt	12 069 417	12 187 591	12 358 114	

Quelle: Bayerisches Landesamt für Statistik und Datenverarbeitung

Betrachtet man die Wachstumsraten der Wohnbevölkerung in Tabelle 40, so wird deutlich, dass die Bevölkerung in der Flughafenregion überdurchschnittlich zugenommen hat. Zwischen 1992/93 und 2001/02 liegt die jährliche durchschnittliche Wachstumsrate bei 1,38 % gegenüber 0,83 % für Oberbayern und 0,72 % für Bayern insgesamt (Tabelle 40).

Tabelle 40: Durchschnittliche jährliche Wachstumsraten der Wohnbevölkerung in Bayern

	90/91 - 94/95	95/96 - 99/00	97/98 - 01/02	92/93 - 01/02
Stadt München	0,33%	-0,63%	0,27%	0,08%
Flughafenregion	1,45%	1,25%	1,39%	1,38%
Oberbayern	1,06%	0,44%	0,80%	0,83%
Bayern insgesamt	1,06%	0,39%	0,50%	0,72%

Quelle: Bayerisches Landesamt für Statistik und Datenverarbeitung

Die dynamische Entwicklung in der Flughafenregion zeigt sich auch im Wachstum der Bruttowertschöpfung (Tabelle 41). Diese hat von 16,5 Mrd. € für 1990 auf 37,9 Mrd. € für 2002 zugenommen und entspricht einer durchschnittlichen Wachstumsrate von 6,07 % für den Zehnjahreszeitraum von 1992/93 bis 2001/02. Für Bayern ergibt sich für diesen Zeitraum ein Zuwachs von 218,8 Mrd. € für 1990 auf 340,9 Mrd. € für 2002; dies entspricht einer durchschnittlichen Wachstumsrate von 2,84 %.

Tabelle 41: Bruttowertschöpfung in Bayern 1990 – 2002 (in Tsd. €)

	1990	*1992*	*1994*	*1996*
Stadt München	41 975 761	47 869 580	49 662 048	52 653 570
Flughafen- region	16 485 579	21 044 616	23 139 312	25 558 258
Ober- Bayern	86 033 777	101 704 990	106 672 980	114 931 674
Bayern insgesamt	218 865 795	257 636 101	270 958 685	286 645 607
	1998	*2000*	*2002*	
Stadt München	55 498 230	58 228 102	60 602 010	
Flughafen- region	29 364 744	35 553 345	37 923 974	
Ober- Bayern	124 802 887	136 958 838	143 435 133	
Bayern insgesamt	306 736 654	327 834 726	340 930 346	

Quelle: Bayerisches Landesamt für Statistik und Datenverarbeitung

Für alle Regionen ist zu beobachten, dass die Wachstumsraten in den Fünfjahreszeiträumen 1990/91 bis 1994/95, 1995/96 bis 1999/2000 und 1997/98 bis 2001/02 stetig abgenommen haben, die Flughafenregion jedoch stets durch ein hohes Wachstum der Bruttowertschöpfung gekennzeichnet ist (Tabelle 42).

Die regionalen Entwicklungen auf dem Arbeitsmarkt sind - mit Ausnahme der Stadt München – durch ein moderates Wachstum im Zehnjahreszeitraum 1992/93 bis 2001/02 gekennzeichnet. In der Flughafenregion hat die Zahl der Erwerbstätigen von 370,5 Tsd. im Jahre 1990 auf 484 Tsd. in 2002 zugenommen. In Bayern insgesamt erfolgte eine Steigerung von 5,8 Mio. in 1990 auf 5,9 Mio. in 1996 und 6,3 Mio. Erwerbstätige in 2002 (Tabelle 43).

Tabelle 42: Durchschnittliche jährliche Wachstumsraten der Bruttowertschöpfung in
Bayern

	90/91 - 94/95	95/96 - 99/00	97/98 - 01/02	92/93 - 01/02
Stadt München	4,11%	2,55%	2,56%	2,39%
Flughafenregion	8,25%	7,73%	6,81%	6,07%
Oberbayern	5,27%	4,25%	3,83%	3,50%
Bayern insgesamt	5,02%	3,?3%	3,02%	2,84%

Quelle: Bayerisches Landesamt für Statistik und Datenverarbeitung

Tabelle 43: Erwerbstätige in Bayern 1990 -2002

	1990	1992	1994	1996
Stadt München	915 771	938 622	895 530	868 996
Flughafenregion	370 544	390 608	397 488	411 077
Oberbayern	2 066 355	2 137 889	2 101 372	2 094 473
Bayern insgesamt	5 817 878	6 042 581	5 970 763	5 925 613
	1998	2000	2002	
Stadt München	873 706	909 837	929 613	
Flughafenregion	430 878	467 058	483 994	
Oberbayern	2 136 809	2 240 083	2 286 999	
Bayern insgesamt	6 031 780	6 226 190	6 272 863	

Quelle: Bayerisches Landesamt für Statistik und Datenverarbeitung

Tabelle 44: Durchschnittliche jährliche Wachstumsraten der Erwerbstätigen in Bayern

	90/91 - 94/95	95/96 - 99/00	97/98 - 01/02	92/93 - 01/02
Stadt München	-0,89%	0,77%	1,45%	-0,10%
Flughafenregion	1,92%	2,50%	3,31%	2,30%
Oberbayern	1,36%	1,50%	1,91%	1,41%
Bayern insgesamt	4,06%	3,33%	3,29%	3,47%

Quelle: Bayerisches Landesamt für Statistik und Datenverarbeitung

Obzwar die jährliche durchschnittliche Wachstumsrate im Zehnjahreszeitraum zwischen 1990 und 2000 mit 2,3 % niedriger als in Bayern insgesamt (3,47 %) ist, entspricht im aktuelleren Fünfjahreszeitraum zwischen 1997/98 und 2001/02 die durchschnittliche jährliche Wachstumsrate für die Flughafenregion mit 3,31 % etwa dem vergleichbaren Wert für Bayern (3,29 %). Auch für die Stadt München ergibt sich für diesen Zeitraum mit 1,45 % eine positive Wachstumsrate (Tabelle 44).

Insgesamt ist festzustellen, dass die Flughafenregion eine überdurchschnittlich hohe ökonomische Dynamik aufweist, die auch durch die Aktivitäten des Flughafens beeinflusst wird. Sicherlich ist eine monokausale Interpretation problematisch, jedoch sind die vom Flughafen ausgehenden ökonomischen Effekten insbesondere für das nähere Umland des Flughafens von zentraler Bedeutung.

5.3 Verkehrs- und Unternehmens-Entwicklung auf dem Flughafen München

Die Entwicklungsgeschichte der Flughäfen München beginnt im Jahre 1910 mit einem Flughafen westlich der Innenstadt, in Puchheim. Am 28. Oktober 1939 wurde der Flughafen München-Riem in Betrieb genommen. Schon in den 50er Jahren wurde deutlich, dass dieser Standort wegen der Ausbaubeschränkungen und der daraus resultierenden Kapazitätsbeschränkungen sowie der Notwendigkeit, dicht besiedelte Gebiete zu überfliegen, die Anforderungen eines modernen Luftverkehrs nicht mehr erfüllen konnte. 1966 wurde das Raumordnungsverfahren eingeleitet, 1979 erfolgte der Planfeststellungsbeschluss der Regierung von Oberbayern. Am 17. Mai 1992 wurde der Flughafen Franz Josef Strauß mit Standort im Erdinger Moos eröffnet. Eine Erweiterung erfolgte schließlich durch die Inbetriebnahme des Terminals 2 am 29.Juni 2003.

Abbildung 10: Entwicklung des Passagieraufkommens für den Flughafen München 1992-2005

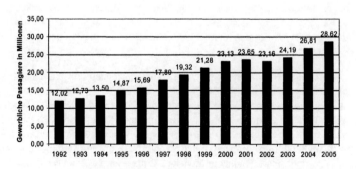

Quelle: Flughafen München GmbH, 2006

Die Verkehrsleistungen des neuen Flughafens sind seit 1992 stetig gewachsen. So ist die Anzahl der Passagiere von 12,02 Mio. im Jahre 1992 auf 28,62 Mio. in 2005 gewachsen (Abbildung 10). Der Flughafen München nimmt im Jahre damit in Deutschland die 2. Position nach Frankfurt/M., im europäischen Vergleich den 8. und in der weltweiten Konkurrenz den 33. Platz ein.

Die Flugbewegungen haben sich zwischen 1992 mit 192,2 Tsd. und 2005 mit 398,8 Tsd. verdoppelt, wobei die höchsten Wachstumsraten für 1995/96 mit 9 %, für 1996/97 mit 14,8 % und zwischen 2003/04 mit 7,7 % zu beobachten sind (Abbildung 11).

Abbildung 11: Entwicklung der Flugbewegungen für den Flughafen München 1992 - 2005

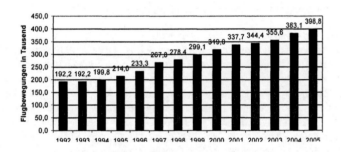

Quelle: Flughafen München GmbH, 2006

Die Entwicklung der Luftfracht verläuft weniger stetig, jedoch hat das Volumen des Luftfrachtumschlags seit 1992 von 56,8 Tsd. Tonnen auf 208,7 Tsd. Tonnen im Jahre 2005 zugenommen (Abbildung 12). Während der Flughafen München im europäischen Vergleich im Hinblick auf die Passagiere und die Flugbewegungen unter den ersten zehn Flughäfen liegt, ist er nach den Kriterien der Luftfracht lediglich unter den ersten zwanzig Flughäfen platziert.

Der Flughafen München verwendet ein duales Verkehrskonzept. Am Terminal 1 werden die Langstreckenverkehre, z. B. Delta, Emirates, preissensible Punkt-zu-Punkt Verkehre, z. B. Air Berlin, und die Nachfrage im Ferienverkehr, z. B. Hapag-Lloyd, LTU, abgewickelt, während das Terminal 2 den Hubverkehr, z. B. Lufthansa (Star Alliance Partner), Zubringerdienste und auch die Nachfrage im Ferienflugverkehr durch Condor bedient. Der Umsteigeranteil war 2004 am Terminal 1 mit 5% sehr gering, am Terminal 2 jedoch mit insgesamt 47% sehr hoch (Flughafen München GmbH, 2005). Das wichtigste verkehrsstrategische Ziel des Flughafens ist der Ausbau der Hubfunktion, insbesondere dabei eine signifikante Steigerung des Interkontverkehrs, denn hier ist im Vergleich zu anderen europäischen Hubflughäfen eine Angebotslücke festzustellen (siehe Abbildung 13).

Abbildung 12: Entwicklung der Luftfracht für den Flughafen München 1992 – 2005

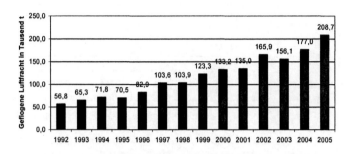

Quelle: Flughafen München GmbH, 2006

Während der Flughafen München im Kontinentalverkehr ein vergleichsweise breites wöchentliches Sitzplatzangebot von 329 Tsd. (Vergleich: Amsterdam 338 Tsd., Frankfurt /M. 438 Tsd.) hat, ist das wöchentliche Sitzangebot im Interkontinentalverkehr mit 40 Tsd. (Vergleich: Amsterdam 151 Tsd., Frankfurt /M 234 Tsd.) noch unzureichend. Als strategisches Ziel wird deshalb eine Steigerung auf 100 Tsd. angestrebt.

Die Langstrecken-Hubverkehre erfordern am Flughafen München regionale Zubringerverbindungen. Dabei stellt Italien einen wichtigen Zubringermarkt des Hubs München dar.

Mit insgesamt 443 wöchentlichen Verbindungen übertrifft München den Frankfurter Flughafen mit 313 wöchentlichen Verbindungen. Der Anteil der Umsteiger von bzw. nach Italien beträgt 65% für 2004.

Insgesamt ist festzustellen, dass durch den Ausbau der Hubfunktion ein überdurchschnittliches Verkehrswachstum ausgelöst wurde, wobei die durchschnittlichen Wachstumsraten der Passagiere von 1992 bis 2004 6,9% (Vergleich zu deutschen Flughäfen ohne München: 4,1%) und die durchschnittlichen jährlichen Wachstumsraten der Flugbewegungen in diesem Zeitraum 6,5% (Vergleich zu deutschen Flughäfen ohne München: 2,0%) betrugen.

Dieser positive Trend zeigt sich auch an der Entwicklung der Unternehmen und Beschäftigten am Flughafen. Für die Analysen und die Bewertung der Unternehmensentwicklung auf dem Flughafen München werden die Informationen der seit 1994 in Abständen von 3 Jahren durchgeführten Arbeitsstättenerhebungen verwendet.

So wurden im Rahmen der Arbeitsstättenerhebung 2003 insgesamt 570 Firmen angeschrieben, 531 haben geantwortet und konnten ausgewertet werden. Der Rücklauf von ca. 80 % konnte auch in den früheren Erhebungen von 1994, 1997 und 2000 erreicht werden.

Abbildung 13: Wöchentliches Sitzangebot (in 1000) des Flughafens München Juni 2004

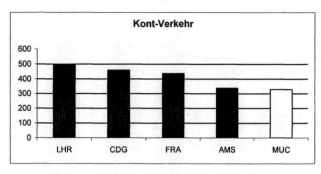

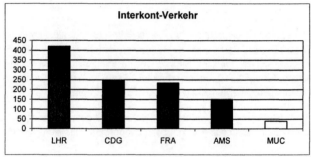

Quelle: Nachbarschaftsbeirat, 2005, S. 8

Besondere Bedeutung kommt der Beschäftigung auf dem Flughafen zu, denn daraus resultieren die induzierten Effekte durch Konsumausgaben aus der Lohn- und Gehaltssumme in den einzelnen Regionen.

Zwischen 1997 und 2003 hat die Beschäftigung auf dem Flughafen zugenommen und beträgt im Jahre 2003 insgesamt 23.320 (siehe Abbildung 14).

Die Beschäftigungsintensität des Flughafens als Anzahl der Beschäftigten pro 1 Mio. Passagiere ist zwischen 1994 und 2000 von 1.145 auf 873 gesunken, jedoch zwischen 2000 und 2003 um 10,5 % auf 964 gestiegen (siehe Abbildung 15). Dieses Wachstum ist vor allem durch die Inbetriebnahme des Terminals 2 im Jahre 2003 begründet. Längerfristig ist zu erwarten, dass die Beschäftigungsintensität etwa bei 900 liegen wird.

Für den Flughafen Frankfurt / M. wird die Beschäftigungsintensität zwischen 1999 und 2001 auf Werte zwischen 1.200 und 1.300 geschätzt, da in diesen Jahren keine Arbeitsstättenerhebung durchgeführt wurde.

93

Abbildung 14: Anzahl der Beschäftigten am Flughafen München 1994 - 2003

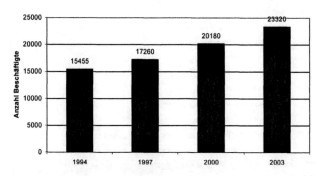

Quelle: Flughafen München GmbH, 2004

Abbildung 15: Anzahl der Beschäftigten am Flughafen München pro 1 Mio. Passagiere

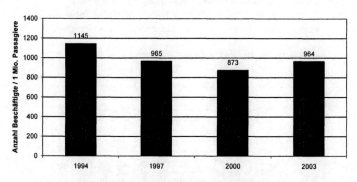

Quelle: Flughafen München GmbH, 2004

Die signifikant höhere Beschäftigungsintensität resultiert insbesondere aus dem hohen Beschäftigungsstand der Verwaltungsabteilungen der Deutschen Lufthansa AG und der Fraport AG am Standort Frankfurt/M..

Analysiert man die Betriebe auf dem Flughafen nach Branchen im Jahre 2003, so ergibt sich, dass etwa 55 % zu den drei Branchen Spedition/Lagerung, sonstige Dienstleistungen und Luftfahrtgesellschaften gehören. Weitere 30% werden den Bereichen Wartung/Technik, Handel/Banken und Verkehrsvermittlung zugerechnet (Abbildung 16).

Abbildung 16: Anzahl der Betriebe nach Branchen - 2000 und 2003

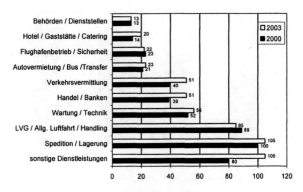

Quelle: Flughafen München GmbH, 2004

Während die Zahl der Betriebe in den Branchen Spedition/Lagerung und sonstigen Dienstleistungen am größten ist, arbeiten 26,6% aller Beschäftigten im Jahre 2003 bei den Luftverkehrsgesellschaften und 31,5% im Bereich Flughafenbetrieb/Sicherheit (Abbildung 17).

Abbildung 17: Anzahl der Beschäftigten nach Branchen - 2003

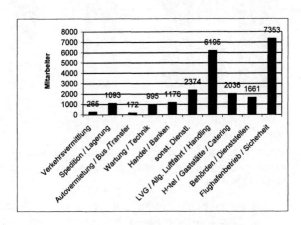

Quelle: Flughafen München GmbH, 2004

95

Die durchschnittliche Mitarbeiterzahl pro Unternehmen ist im Bereich Flughafenbetrieb/Sicherheit mit 368 am größten. Bei Behörden/Dienststellen beträgt dieser Wert 151, bei den Luftverkehrsgesellschaften 90 und bei den Speditionen 12.

Weiterhin üben 36,4 % der Beschäftigten im Jahre 2003 eine flugbetriebsbezogene Tätigkeit aus, 15,2 % sind fliegendes Personal und 13,4 % arbeiten in der Verwaltung (Abbildung 18).

Abbildung 18: Beschäftigte nach Arbeitsbereichen - 2000 und 2003

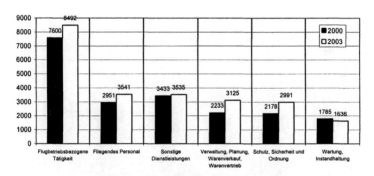

Quelle: Flughafen München GmbH, 2004

Abbildung 19: Wohnorte der Mitarbeiter 2003, Anzahl und Anteile in Prozent

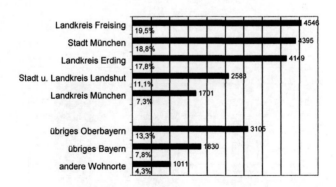

Quelle: Flughafen München GmbH, 2004

Für die Berechnung gesamtwirtschaftlicher und regionaler induzierter Effekte sind einerseits die Informationen über die Wohnorte der Flughafenmitarbeiter, andererseits die Lohn- und Gehaltssumme bedeutsam. Die größten Anteile haben im Jahre 2003 mit 19,5 % der Landkreis Freising, mit 18,8 % die Stadt München und mit 17,8 % der Landkreis Erding. Die Stadt München weist jedoch gegenüber 2000 wegen der hohen Mietpreise einen negativen Trend auf (Abbildung 19).

Die Pro-Kopf-Einkommen der Flughafenbeschäftigten betragen 2003 31 Tsd. € pro Jahr, die gesamte Lohn- und Gehaltssumme (Bruttolöhne und – gehälter) ist von 1997 bis 2003 von 509 Mio. € auf 699 Mio. € gestiegen (Abbildung 20 und Abbildung 21).

Abbildung 20: Entwicklung der Pro-Kopf-Einkommen am Flughafen München

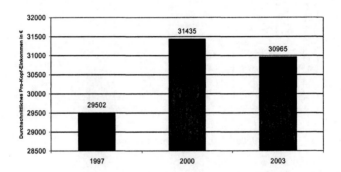

Quelle: Flughafen München GmbH, 2004

Abbildung 21: Entwicklung der Bruttolöhne und -gehälter am Flughafen München

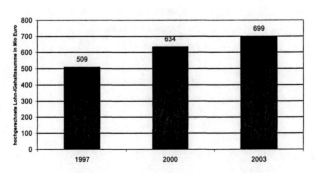

Quelle: Flughafen München GmbH, 2004

5.4 Stärken-Schwächen-Analyse des Flughafens München

Eine Stärken-Schwächen-Analyse für den Flughafen ist vor allem als Grundlage für eine Szenario-Analyse sinnvoll. Die Ergebnisse können in die Prognosen einfließen und somit deren Qualität erhöhen. Aus diesem Grund wurde beispielhaft ein Stärken-Schwächen-Profil erstellt, deren Ergebnisse im Folgenden erläutert werden.

Der Flughafen München ist aufgrund des Ausbaus der Hubfunktion durch ein überdurchschnittliches Verkehrswachstum gekennzeichnet. So beträgt die durchschnittliche jährliche Wachstumsrate der Passagiere im Zeitraum 1992 bis 2004 insgesamt 6,9% (Vergleich: Deutsche Flughäfen ohne München: 4,1%). Die entsprechende jährliche durchschnittliche Wachstumsrate der Flugbewegungen ist 6,5% und liegt damit deutlich über der Wachstumsrate für deutsche Flughäfen ohne München mit 2,0%. Diese Stärke zeigt sich auch im europäischen Vergleich, in dem München für 2002 bei den Flugbewegungen den 6. Platz einnimmt. Das Frachtaufkommen ist dagegen vergleichsweise gering, denn hier liegt der Flughafen München 2002 lediglich auf den 19. Platz.

Zur Abwicklung der Luftverkehrsnachfrage wird am Flughafen München ein duales Verkehrskonzept eingesetzt, das durch unterschiedliche Verkehrsstrukturen im Terminal 1 und 2 gekennzeichnet ist. Der Umsteigeranteil im Terminal 1 betrug im Jahre 2004 5%, im Terminal 2 durch die Abwicklung des Hubverkehrs insgesamt 47%. Italien stellt dabei einen wichtigen Zubringermarkt des Hubs München mit insgesamt 443 wöchentlichen Verbindungen im Jahre 2004 und einen Umsteigeranteil von 65% dar.

Vergleicht man den Flughafen München mit anderen europäischen Hubflughäfen, so zeigt sich, dass das wöchentliche Sitzplatzangebot im Kontinentalverkehr eher durchschnittlich ist, es beträgt beispielsweise im Juni 2004 329 Tsd. im Vergleich zu Amsterdam mit 339 Tsd., Frankfurt /M. mit 438 Tsd. und London-Heathrow mit 497 Tsd.. Das wöchentliche Sitzplatzangebot im Interkontinentalverkehr ist jedoch weit unterdurchschnittlich. Es beträgt im Juni 2004 40 Tsd. und ist im Vergleich zu Amsterdam mit 151 Tsd., Frankfurt/M. mit 234 Tsd. und London-Heathrow mit 421 Tsd. deutlich niedriger (Flughafen München GmbH, 2005). Der Flughafen München weist deshalb noch eine erhebliche Angebotslücke im Interkontinentalverkehr auf. Eine Reduktion dieser Schwäche muss sicherlich ein strategisches Ziel des Flughafens München sein, um die Hubfunktion zu sichern bzw. auszubauen.

In Bezug auf die Bewertung nach Kriterien der Standortattraktivität Münchens für Unternehmen in Europa wird München insbesondere bei den Merkmalen „Verfügbarkeit von qualifiziertem Personal" (Platz 7) und „Qualität der Telekommunikationseinrichtungen" (Platz 9) sehr gut bewertet. Dagegen wird München beim „Zugang zu Märkten, Kunden und Verbrauchern" sowie „Externe Verkehrsanbindungen" schlechter beurteilt.

Besonders hoch wird die Kundenattraktivität des Flughafens München eingeschätzt. So wurde der Flughafen sowohl 2005 als auch 2006 im Rahmen des „Worlds Best Airport Award" als bester Flughafen Europas ausgezeichnet. Der „Worlds Best Airport Award" wurde für 2006 auf der Basis einer umfangreichen Befragung von insgesamt 7,2 Mio. Fluggästen aus 93 Nationen zwischen September 2005 und Mai 2006 vergeben. Bei der Umfrage wurden mehr als 40 Kategorien bewertet, darunter beispielsweise die Abfertigungs- und Servicequalität, die Freundlichkeit und Kompetenz des Flughafenpersonals, das Einkaufs- und Unterhaltungsangebot oder die Umsteigemöglichkeiten. In der weltweiten Reihenfolge ist der Flughafen München hinter dem Singapore Changi Airport und dem Hong Kong International Airport auf dem dritten Rang platziert.

Die Verkehrsinfrastruktur des Flughafens weist noch erhebliche Nachteile auf. So ist die Anbindung vom Flughafen zur Stadt München unzureichend. Deshalb soll der Bau einer Magnetschwebebahn erfolgen, um die Fahrzeiten entscheidend zu verkürzen. Weiterhin muss das Schienennetz im Flughafenumland verbessert werden, um die Verknüpfungen mit den internationalen ICE-Netzen zu optimieren. Neuere Verkehrskonzepte zur Verbesserung der infrastrukturellen Bedingungen im Flughafenumland werden auch im Hinblick auf einen geplanten Ausbau des Flughafens entwickelt (siehe: Bayerisches Staatsministerium für Wirtschaft, Infrastruktur, Verkehr und Technologie, 2006; Bayerisches Staatsministerium für Wirtschaft, Infrastruktur, Verkehr und Technologie, 2002).

Tabelle 45: Stärken-Schwächen-Profil des Flughafens München

	Stärken	Schwächen
Luftverkehrs-politische Kriterien	• Passagiervolumen • Flugbewegungen • Duales Verkehrskonzept	• Frachtvolumen • Angebotslücke im Interkontinentalverkehr
Weiche Standortfaktoren	• Verfügbarkeit von qualifiziertem Personal • Qualität der Telekommunikationseinrichtungen • Kundenattraktivität	• Zugang zu Märkten, Kunden, Verbrauchern • Externe Verkehrsanbindung
Infrastrukturelle Rahmenbedingungen		• Verkehrsanbindung vom Flughafen zur Stadt München • Schienen-Netz im Flughafenumland
Entwicklung im Flughafenumland	• Ökonomische Dynamik im Flughafenumland	
Ökonomische Entwicklung auf dem Flughafen	• Dynamische Arbeitsplatzentwicklung	

Bei der Analyse der ökonomischen Rahmenbedingungen des Flughafens wird deutlich, dass im Flughafenumland vergleichsweise dynamische Entwicklungsprozesse zu beobachten sind. Die Wohnbevölkerung zeigt einen im Vergleich zu Bayern überdurchschnittlich positiven Trend. So ist das jährliche Wachstum in der Flughafenregion im Zeitraum zwischen 1992 und 2002 insgesamt 1,38 % im Vergleich zu Bayern mit 0,72%. Für die Entwicklung der Bruttowertschöpfung ergibt sich eine jährliche Wachstumsrate in diesem Zeitraum von 6,07% im Vergleich zu Bayern mit 2,84%.

Das Wachstum der Erwerbstätigen ist in der Flughafenregion im Vergleich zu Bayern etwas geringer (2,3% vs. 3,47%). Insgesamt ist jedoch eine dynamische ökonomische Entwicklung im Flughafenumland gerade in den letzten Jahren zu beobachten. Sie ist eine wichtige positive Rahmenbedingung für den Flughafen.

Dies zeigt sich auch in der Entwicklung der Beschäftigten auf dem Flughafen. So hat die Beschäftigung auf dem Flughafen zwischen 1997 und 2000 um 16,9% und zwischen 2000 und 2003 um 15,6% zugenommen. Die Beschäftigungsintensität beträgt im Jahre 2003 964 und liegt damit im Durchschnitt aller europäischen Flughäfen (2001: 925 vgl. ACI, 2004, S.35). Insbesondere die Landkreise Erding, Freising und Landshut partizipieren am Beschäftigungsvolumen und –zuwachs am Flughafen.

Insgesamt überwiegen die Stärken im Profil des Flughafens München, sodass die Rahmenbedingungen für eine Sicherung und Verbesserung der Hubfunktion und einen weiteren Ausbau günstig sind. Die Schwächen insbesondere im Angebot an Interkontinentalflügen und der Verkehrsinfrastruktur können jedoch den strategischen Zielen des Flughafens entgegenstehen (siehe Tabelle 45).

5.5 Empirische Analyse der ökonomischen Effekte des Flughafens München

Die direkten Einkommens- und Beschäftigungseffekte für 2000 werden auf der Grundlage einer Arbeitsstättenbefragung einerseits in Bezug auf die Investitionen und laufenden Betriebsausgaben der Unternehmen auf dem Flughafen, andererseits im Hinblick auf die Bruttolohn- und -gehaltssummen der Beschäftigten auf dem Flughafen ermittelt. Dabei wurden die Daten der nach 59 Sektoren differenzierten Investitionen und laufenden Betriebsausgaben von der Flughafen München GmbH für 2000 zur Verfügung gestellt. Die Bruttolöhne und –gehälter konnten aus der Arbeitsstättenerhebung von 2000 entnommen werden. Für die regionale Differenzierung der ökonomischen Anstoßeffekte wurde die regionale Abgrenzung von Bulwien (1998b) verwendet.

Da für die Erhebung der Investitionen und laufenden Betriebsausgaben keine regionale Gliederung vorgenommen wurde, werden approximativ die regionalen Anteile für die Flughafenregion und der Stadt München der Studie von Bulwien (1998b) verwendet. Für die sektorale Analyse werden die Daten für die 59 Sektoren zu 17 Sektoren aggregiert. Zur Berechnung der indirekten und induzierten Effekte wird die Input-Output-Tabelle 2000 für die BRD verwendet. Sie gliedert sich in 71 Sektoren. Diese Tabelle wird für die empirische Analyse zu 17 Sektoren aggregiert (Tabelle 46).

Die regionale Aufteilung der Bruttolöhne und –gehälter wird aufgrund der Anteile der Wohnorte der Flughafenmitarbeiter aus der Arbeitsstättenerhebung durchgeführt.

Tabelle 46: Sektorale Gliederung in der Input-Output-Tabelle

Sektor	Sektor der BRD - Tabelle	Produktionsbereiche
1	1-3	Land- und Forstwirtschaft, Fischerei
2	4-8, 20-26, 40-42	Energie, Wasser, Steine und Erden, Chemische Erzeugnisse, Kunststoffe, Gummi, Glas, Feinkeramische Erzeugnisse, Mineralölerzeugnisse
3	27-30	Eisen und Metalle
4	31-35	Maschinenbau, EDV, Büromaschinen, Elektrotechnik, Feinmechanik
5	36-37	Fahrzeugbau
6	38-39	EBM-Waren, Musikinstrumente, Spielwaren, Schmuck
7	12-19	Holz, Papier, Druckerzeugnisse, Leder, Textilien, Bekleidung
8	9-11	Nahrungsmittel, Getränke, Tabak
9	43-44	Hoch-, Tief- und Ausbauleistungen
10	45-47	Groß- und Einzelhandel
11	49-54	Verkehr, Nachrichtenübermittlung
12	55-57	Kreditinstitute, Versicherungen
13	58-59	Gebäude- und Wohnungsvermietung
14	48	Gastgewerbe
15	64-66, 69	Kultur, Gesundheit
16	60-62, 67, 70	Sonstige marktbestimmte Dienstleistungen (z.B. Beratung, Planung, Reinigung, Wäscherei)
17	63,68,71	Gebietskörperschaften, Sozialversicherungen, Organisationen ohne Erwerbszweck

Weiterhin ist es zur Schätzung der ökonomischen Effekte im erweiterten statistischen Input-Output-Modell notwendig, das Konsumverhalten der privaten Haushalte zu modellieren. Dazu wird ein Ansatz von Pischner, Stäglin (1976) und Bulwien, et al. (1999) angewendet, in dem die marginale Konsumquote und die sektorale Verbrauchsstruktur getrennt ermittelt werden. Zur Schätzung der Konsumfunktion werden saisonbereinigte Daten aus der volkswirtschaftlichen Gesamtrechnung der Deutschen Bundesbank für den Zeitraum 1. Quartal 1991 bis 1. Quartal 2005 verwendet (Abbildung 22).

Da die beiden Zeitreihen einen Trend aufweisen, ist zunächst eine Prüfung auf Stationarität notwendig, um das Problem einer Scheinregression (Granger, Newbold, 1974) zu berücksichtigen.

101

Abbildung 22: Privater Verbrauch und verfügbares Einkommen

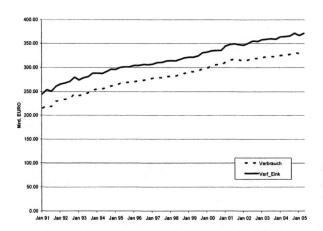

Quelle: Deutsche Bundesbank, Volkswirtschaftliche Gesamtrechnung

Eine Regressionsanalyse der Abhängigkeit zwischen dem privaten Konsum und dem verfügbaren Einkommen ist dann möglich, wenn beide Variablen den gleichen Integrationsgrad haben, und eine Linearkombination die Bedingungen der Stationarität erfüllt.

Deshalb beinhaltet eine Kointegrationsanalyse (Engle, Granger, 1987; vgl. für die Anwendung: Bulwien, et al., 1999) zunächst eine Prüfung des Integrationsgrades der beiden Zeitreihen für den privaten Konsum C_t und das verfügbare Einkommen VE_t mit Hilfe des Tests nach Dickey, Fuller (1979).

Dabei werden folgende Regressionsansätze verwendet:

$$\Delta C_t = a + \rho C_{t-1} + \sum_{i=1}^{K} b_i \Delta C_{t-1} + e_{1t}$$

$$\Delta VE_t = a + \rho VE_{t-1} + \sum_{i=1}^{K} b_i \Delta VE_{t-1} + e_{2t}$$

wobei ΔC_t und ΔVE_t die ersten Differenzen sind.

Als Prüfgröße dient der standardisierte Regressionskoeffizient $\tau = \rho / \sigma_\rho$. Aus Tabelle 47 sind die empirisch ermittelten Prüfgrößen $\hat{\tau}$ und die kritischen Werte τ_{kr} bei einem Signifikanzniveau von 5 % (MacKinnon, 1991) zu entnehmen.

Tabelle 47: Ergebnisse der Tests auf Stationarität

Variable	T	K	$\hat{\rho}$	$\hat{\tau}$	τ_{kr}
C_t	57	0	-0,022	-1,776	-2,9127
VE_t	57	0	-0,0246	-2,517	-2,9127
ΔC_t	56	0	-1,3465	-11,063	-2,9137
ΔVE_t	56	2	-1,2826	-5,216	-2,9137

Für beide Variablen kann die Null-Hypothese der Nicht-Stationarität bei einem Signifikanz-niveau von 5 % nicht abgelehnt werden, für die ersten Differenzen wird die Null-Hypothese verworfen.

Im zweiten Schritt werden Parameter für die Kointegrationsbeziehungen aus der Regres-sion von C_t und VE_t mit Hilfe der Methode der kleinsten Quadrate geschätzt. Das empiri-sche Ergebnis lautet (t-Werte in Klammern):

$$C_t = -22,25 + 0,904 \, VE_t$$

$$(-2,635) \quad (26,25)$$

mit dem Bestimmtheitsmaß $R^2 = 0,99$ und der Durbin-Watson-Statistik DW = 0,468.

Im dritten Schritt wird ein Test auf Kointegration durchgeführt, d. h. ein Test auf Stationari-tät der Residuen $u_t = C_t - a - bVE_t$.

Dazu wird ebenfalls der Dickey-Fuller-Test verwendet. Mit Hilfe einer OLS-Schätzung er-geben sich folgende Schätzwerte:

$$\Delta \hat{u}_t = -0,08 \, \hat{u}_{t-1} - 0,33 \, \Delta \hat{u}_{t-1}$$

$$(-2,44) \quad (-1,07)$$

mit $R^2 = 0,14$ und DW = 1,99

Da für die Prüfgröße ein Wert von -2,44 ermittelt wird, kann bei einem kritischen Wert von -1,95 bei einem Signifikanzniveau von 5 % die Hypothese Nicht-Stationarität der Residuen abgelehnt werden.

Damit ergibt sich eine Kointegrationsbeziehung zwischen dem privaten Konsum und dem verfügbaren Einkommen.

Der Wert für die marginale Konsumquote muss jedoch dem Konzept der Input-Output-Rechnung angepasst werden (vgl. zum Vorgehen: Bulwien, et al., 1999; Rürup, et al., 2004).

Zur Schätzung der Konsumquote wird das verfügbare Einkommen, eine Nettogröße, verwendet, während für die Input-Output-Rechnung die Bruttolöhne und -gehälter der Beschäftigten aus der Arbeitsstättenerhebung bekannt sind. Dies wird bei der Berechnung der Anstoßeffekte aus den direkten Einkommen der Flughafenbeschäftigten dadurch berücksichtigt, dass die marginale Konsumquote mit dem Quotienten aus Nettolöhnen und - gehältern und Bruttolöhnen und –gehältern für 2000 multipliziert wird. Er beträgt 0,645 (siehe Tabelle 48).

Bei der Ermittlung der induzierten Effekte aus den indirekten Einkommen werden die Vermögenseinkommen zuzüglich Betriebsüberschuss / Selbstständigeneinkommen zusätzlich einbezogen und die marginale Konsumquote mit einem Quotienten von 0,7511 multipliziert (siehe Tabelle 48).

Tabelle 48: Einkommensarten der Volkswirtschaftlichen Gesamtrechnung für 2000

Einkommensart	Mio. €
Nettolöhne und -gehälter	569 600
Empfangene Vermögenseinkommen zuzüglich Betriebsüberschuss/ Selbständigeneinkommen	412 514
Bruttolöhne und -gehälter	883 360
Brutto- Unternehmens- und Vermögenseinkommen	424 370

Quelle: Bundesministerium für Gesundheit und soziale Sicherung (2005): Statistisches Taschenbuch

Daraus ergeben sich für die Anwendung des erweiterten Input-Output-Modells marginale Konsumquoten von 0,583 bzw. 0,679.

Für die Analyse der Beschäftigungseffekte müssen die sektoralen Arbeitsproduktivitäten ermittelt werden. Da die sektoralen Bruttoproduktionswerte aus der aggregierten Input-Output-Tabelle verfügbar sind, wird für die Analysen die Arbeitsproduktivität als Quotient aus dem Bruttoproduktionswert und der Anzahl der Erwerbstätigen in sektoraler Differenzierung definiert (Tabelle 49).

Da die regionalen Bruttoproduktionswerte wegen des Fehlens einer regionalen Input-Output-Tabelle für Bayern oder die Flughafenregion nicht bekannt sind, werden die gesamtwirtschaftlichen Arbeitsproduktivitäten auch für die regionalen Analysen verwendet.

Die sektoralen Anstoßeffekte, die aus der Auftragsvergabe der Arbeitsstätten auf dem Flughafen resultieren, sind in Tabelle 50 wiedergegeben. Insgesamt betragen die Investitionen und laufenden Betriebsausgaben für das Jahr 2000 für die BRD 1227,09 Mio. €, für die Flughafenregion etwa 70 % und für die Stadt München 10 %. Für 1996 hat Bulwien (1998) ein Auftragsvolumen für die BRD von 1017,27 Mio. € angegeben, wobei auf die Flughafenregion 613,55 Mio. € und auf die Stadt München 102,26 Mio. € entfielen.

104

Tabelle 49: Sektorale Arbeitsproduktivitäten 2000 für die BRD

Sektor	Bruttoproduktionswert in Tsd. € je Erwerbstätigen
Land- und Forstwirtschaft, Fischerei	49
Energie, Wasser, Steine und Erden, Chemische Erzeugnisse, Kunststoffe, Gummi, Glas, Feinmechanische Erzeugnisse, Mineralölerzeugnisse	204
Eisen und Metalle	131
Maschinenbau, EDV, Büromaschinen, Elektrotechnik, Feinmechanik	145
Fahrzeugbau	256
EBM-Waren, Musikinstrumente, Spielwaren, Schmuck	112
Holz, Papier, Druckerzeugnisse, Leder, Textilien, Bekleidung	136
Nahrungsmittel, Getränke, Tabak	135
Hoch-, Tief-, und Ausbauleistungen	81
Groß- und Einzelhandel	56
Verkehr, Nachrichtenübermittlung	108
Kreditinstitute, Versicherungen	141
Gebäude- und Wohnungsvermietung	736
Gastgewerbe	33
Kultur, Gesundheit	52
Sonstige marktbestimmte Dienstleistungen (z.B. Beratung, Planung, Reinigung, Wäscherei)	79
Gebietskörperschaften, Sozialversicherungen, Organisationen ohne Erwerbszweck	49

Quelle: Statistisches Bundesamt, Input-Output-Tabelle 2000

Die stärksten Anstoßeffekte gehen mit etwa 500 Mio. € vom Sektor „Verkehr, Nachrichtenübermittlung" aus, danach folgen die Dienstleistungen für das „Gesundheits- und Sozialwesen" sowie „Kultur und Unterhaltung" mit etwa 116 Mio. €, Dienstleistungen für „Grundstücks- und Wohnungswesen" sowie „Vermietung" mit 110 Mio. € und „sonstige marktbestimmte Dienstleistungen" (z. B. unternehmensbezogene Dienstleistungen) mit 97 Mio. €. Einen Beitrag von 50 bis 60 Mio. € liefern die Sektoren „Energie, Wasser....", „Fahrzeugbau", „Nahrungsmittel, Getränke....", „Hoch- und Tiefbau" und „Groß- und Einzelhandel".

Wichtige Anstoßeffekte gehen auch von den zum Konsum verwendeten Einkommen der Flughafenbeschäftigten aus. Die gesamten Bruttolöhne und –gehälter betrugen im Jahre 2000 insgesamt 634 Mio. €, d. h. 31.435 € pro Beschäftigten im Jahre 2000.

Tabelle 50: Investitionen und Betriebsausgaben für 2000 (in Mio. €)

Sektor	BRD Mio. €	Flughafenregion Mio. €	Stadt München Mio. €
Land- und Forstwirtschaft, Fischerei	3,80	3,04	0,00
Energie, Wasser, Steine und Erden, Chemische Erzeugnisse, Kunststoffe, Gummi, Glas, Feinkeramische Erzeugnisse, Mineralölerzeugnisse	52,96	29,13	0,00
Eisen und Metalle	9,29	4,65	0,00
Maschinenbau, EDV, Büromaschinen, Elektrotechnik, Feinmechanik	23,16	9,26	2,32
Fahrzeugbau	58,20	23,28	5,82
EBM-Waren, Musikinstrumente, Spielwaren, Schmuck	2,00	0,60	0,20
Holz, Papier, Druckerzeugnisse, Leder, Textilien, Bekleidung	18,03	5,41	5,41
Nahrungsmittel, Getränke, Tabak	51,02	25,51	10,20
Hoch-, Tief- und Ausbauleistungen	64,15	32,07	6,41
Groß- und Einzelhandel	68,62	54,90	6,86
Verkehr, Nachrichtenübermittlung	501,73	401,38	50,17
Kreditinstitute, Versicherungen	24,12	16,89	2,41
Gebäude- und Wohnungsvermietung	109,78	76,85	10,98
Gastgewerbe	17,36	12,15	1,74
Kultur, Gesundheit	115,97	81,18	11,60
Sonstige marktbestimmte Dienstleistungen (z.B. Beratung, Planung, Reinigung, Wäscherei)	97,11	67,98	9,71
Gebietskörperschaften, Sozialversicherungen, Organisationen ohne Erwerbszweck	9,79	4,89	2,94
SUMME	1 227,09	849,17	126,77

Quelle: Angaben der Flughafen München GmbH

Von den am Flughafen München in 2000 insgesamt Beschäftigten von 20.180 hatten 11.889 ihren Wohnort in der Flughafenregion und 4551 in der Stadt München (Flughafen München GmbH: Arbeitsstättenerhebung 2000). Entsprechend ergibt sich eine hochgerechnete Bruttolohn- und –gehaltsumme für die Flughafenregion von 374 Mio. € und für München 143 Mio. € (Tabelle 51). Im Jahre 1997 betrug die Bruttolohn- und –gehaltssumme insgesamt 509 Mio. € und das Jahreseinkommen pro Beschäftigten 29.502 €.

Die beiden Anstoßeffekte, die Investitionen und laufenden Betriebsausgaben der Arbeitsstätten auf dem Flughafen sowie die Einkommen der Flughafenbeschäftigten, haben indirekte und induzierte ökonomische Wirkungen zur Folge.

Tabelle 51: Direkte Beschäftigung und Bruttolöhne auf dem Flughafen 2000

Region	Beschäftigte Personen	Bruttolöhne Mio. €
Gesamt	20 180	634
Flughafenregion	11 889	374
Stadt München	4 551	143

Quelle: Flughafen München GmbH, 2004

In den Tabellen 52 und 53 sind die Effekte auf die Produktion, die Bruttowertschöpfung, das Einkommen (Arbeitnehmerentgelte) und die Beschäftigung unter Verwendung der Arbeitsproduktivitäten für 2000 zusammengefasst.

Es zeigt sich, dass die Sektoren „Verkehr, Nachrichtenübermittlung" und „Sonstige marktbestimmte Dienstleistungen" die größten indirekten Effekte aufweisen. Beispielsweise werden die Beschäftigten-Effekte für die beiden Sektoren mit 6381 und 3097 für das Jahr 2000 geschätzt. Die höchsten induzierten Effekte werden für die Bruttowertschöpfung und das Einkommen in den Sektoren „Gebäude und Wohnungsvermietung" und in „Groß- und Einzelhandel" ermittelt. Der höchste induzierte Beschäftigungseffekt wird mit 5146 für den „Groß- und Einzelhandel" errechnet.

Um die gesamtwirtschaftlichen Effekte der Flughafentätigkeit zu bewerten und auch Vergleiche mit anderen Flughäfen anzustellen, werden Produktions-, Einkommens- und Beschäftigungsmultiplikatoren gebildet.

Allgemein werden die Multiplikatoren wie folgt definiert:

$$m = \frac{indirekte.Effekte + induzierte.Effekte}{direkte.Effekte}$$

Für den gesamtwirtschaftlichen Produktionsmultiplikator ergibt sich:

$$m^P = \frac{2046,6 + 1852,0}{1227} = 3,18$$

Entsprechend gilt für den gesamtwirtschaftlichen Einkommensmultiplikator

$$m^W = \frac{830,6 + 754,2}{789,5} = 2,0$$

und für den gesamtwirtschaftlichen Beschäftigungsmultiplikator

$$m^E = \frac{20313 + 19102}{20180} = 1,95$$

Dieses Ergebnis bedeutet inhaltlich, dass pro Flughafenbeschäftigten zusätzlich 1,95 Beschäftigte innerhalb Deutschlands von den ökonomischen Aktivitäten des Flughafens München abhängig sind.

Tabelle 52: Gesamtwirtschaftliche ökonomische Effekte des Flughafens München für das Jahr 2000: Produktion und Bruttowertschöpfung

Sektor	Produktion Mio. €		Bruttowertschöpfung Mio. €	
	Indirekte Effekte	Induzierte Effekte	Indirekte Effekte	Induzierte Effekte
Land- und Forstwirtschaft, Fischerei	19,4	40,5	9,2	19,2
Energie, Wasser, Steine und Erden, Chemische Erzeugnisse, Kunststoffe, Gummi, Glas, Feinkeramische Erzeugnisse, Mineralölerzeugnisse	127,7	114,4	44,0	39,4
Eisen und Metalle	37,9	22,4	13,1	7,8
Maschinenbau, EDV, Büromaschinen, Elektrotechnik, Feinmechanik	57,1	31,4	21,8	12,0
Fahrzeugbau	80,3	50,9	18,1	11,4
EBM-Waren, Musikinstrumente, Spielwaren, Schmuck	4,4	18,8	1,5	6,6
Holz, Papier, Druckerzeugnisse, Leder, Textilien, Bekleidung	48,1	72,3	17,5	26,2
Nahrungsmittel, Getränke, Tabak	66,5	124,8	17,7	33,2
Hoch-, Tief- und Ausbauleistungen	89,5	33,5	39,0	14,6
Groß- und Einzelhandel	124,8	287,6	75,7	174,3
Verkehr, Nachrichtenübermittlung	687,4	145,2	327,0	69,1
Kreditinstitute, Versicherungen	101,4	172,4	9,7	16,5
Gebäude- und Wohnungsvermietung	185,3	346,1	142,7	266,7
Gastgewerbe	22,3	62,1	9,5	26,5
Kultur, Gesundheit	130,2	99,6	91,6	70,1
Sonstige marktbestimmte Dienstleistungen (z.B. Beratung, Planung, Reinigung, Wäscherei)	243,8	208,8	167,7	143,6
Gebietskörperschaften, Sozialversicherungen, Organisationen ohne Erwerbszweck	20,6	21,4	15,0	15,6
SUMME	2046,6	1852,1	1020,9	953,0

Bulwien (1998) errechnet für München einen Produktionsmultiplikator von 2,78 und einen Beschäftigungsmultiplikator von 2,01.

Tabelle 53: Gesamtwirtschaftliche ökonomische Effekte des Flughafens München für das Jahr 2000: Einkommen und Beschäftigung

Sektor	Einkommen Mio. €		Beschäftigte	
	Indirekte Effekte	Induzierte Effekte	Indirekte Effekte	Induzierte Effekte
Land- und Forstwirtschaft, Fischerei	7,5	15,6	399	832
Energie, Wasser, Steine und Erden, Chemische Erzeugnisse, Kunststoffe, Gummi, Glas, Feinkeramische Erzeugnisse, Mineralölerzeugnisse	38,5	34,5	627	562
Eisen und Metalle	11,8	7,0	289	171
Maschinenbau, EDV, Büromaschinen, Elektrotechnik, Feinmechanik	19,8	10,9	393	217
Fahrzeugbau	17,7	11,2	314	199
EBM-Waren, Musikinstrumente, Spielwaren, Schmuck	1,4	5,9	39	168
Holz, Papier, Druckerzeugnisse, Leder, Textilien, Bekleidung	14,3	21,5	354	532
Nahrungsmittel, Getränke, Tabak	14,7	27,5	492	923
Hoch-, Tief- und Ausbauleistungen	33,5	12,5	1105	413
Groß- und Einzelhandel	64,1	147,8	2233	5146
Verkehr, Nachrichtenübermittlung	268,8	56,8	6381	1347
Kreditinstitute, Versicherungen	17,0	28,9	718	1222
Gebäude- und Wohnungsvermietung	85,3	159,4	252	471
Gastgewerbe	9,1	25,3	677	1882
Kultur, Gesundheit	84,6	64,7	2525	1932
Sonstige marktbestimmte Dienstleistungen (z.B. Beratung, Planung, Reinigung, Wäscherei)	128,3	109,8	3097	2652
Gebietskörperschaften, Sozialversicherungen, Organisationen ohne Erwerbszweck	14,2	14,9	417	435
SUMME	830,6	754,2	20313	19102

Die Studie des IFO-Instituts von 2002 verwendet für ihre Analysen die Input-Output-Tabelle des Jahres 1995 für Deutschland und we ist für 2000 einen gesamtwirtschaftlichen Beschäftigungsmultiplikator von 1,9 aus. Neben den gesamtwirtschaftlichen Wirkungen werden auch die regionalen Effekte auf der Grundlage der in der Tabelle 50 und Tabelle 51 ausgewiesenen Anstoßeffekte für die Flughafenregion und die Stadt München geschätzt.

Die ökonomischen Effekte sind in den Tabellen 54 und 55 in sektoraler Differenzierung ausgewiesen.

Die höchsten indirekten Produktions-, Einkommens- und Beschäftigungseffekte entstehen wiederum in Sektor „Verkehr, Nachrichtenübermittlung". Beispielsweise werden für die Flughafenregion im Jahre 2000 insgesamt 5.049 indirekte Beschäftigte ermittelt. Die größten Wirkungen im Hinblick auf die induzierte Beschäftigung ist wegen der vergleichsweise niedrigen Arbeitsproduktivität mit 3.365 Beschäftigten im Sektor „Groß- und Einzelhandel" festzustellen.

Tabelle 54: Ökonomische Effekte des Flughafens München 2000 für die Flughafenregion: Ergebnisse Teil I

Sektor	Produktion Mio. €		Einkommen Mio. €		Beschäftigte	
	Indirekte Effekte	Induzierte Effekte	Indirekte Effekte	Induzierte Effekte	Indirekte Effekte	Induzierte Effekte
Land- und Forstwirtschaft, Fischerei	11,5	26,5	4,4	10,2	236	544
Energie, Wasser, Steine und Erden, Chemische Erzeugnisse, Kunststoffe, Gummi, Glas, Feinkeramische Erzeugnisse, Mineralölerzeugnisse	76,3	74,8	23,0	22,5	375	367
Eisen und Metalle	20,2	14,7	6,3	4,6	154	112
Maschinenbau, EDV, Büromaschinen, Elektrotechnik, Feinmechanik	30,1	20,6	10,5	7,1	208	142
Fahrzeugbau	34,5	33,3	7,6	7,3	135	130
EBM-Waren, Musikinstrumente, Spielwaren, Schmuck	1,9	12,3	0,6	3,9	17	110
Holz, Papier, Druckerzeugnisse, Leder, Textilien, Bekleidung	24,1	47,2	7,2	14,1	177	348
Nahrungsmittel, Getränke, Tabak	34,8	81,6	7,7	18,0	258	604
Hoch-, Tief- und Ausbauleistungen	49,8	21,9	18,6	8,2	615	270
Groß- und Einzelhandel	92,6	188,0	47,6	96,6	1657	3365
Verkehr, Nachrichtenübermittlung	543,9	94,9	212,7	37,1	5049	881
Kreditinstitute, Versicherungen	71,7	112,7	12,0	18,9	509	799
Gebäude- und Wohnungsvermietung	128,5	226,3	59,1	104,2	175	308
Gastgewerbe	15,8	40,6	6,4	16,6	478	1230
Kultur, Gesundheit	90,8	65,1	59,0	42,3	1761	1263

Tabelle 55: Ökonomische Effekte des Flughafens München 2000 für die Flughafenregion: Ergebnisse Teil II

Sektor	Produktion Mio. €		Einkommen Mio. €		Beschäftigte	
	Indirekte Effekte	Induzierte Effekte	Indirekte Effekte	Induzierte Effekte	Indirekte Effekte	Induzierte Effekte
Sonstige marktbestimmte Dienstleistungen (z.B. Beratung, Planung, Reinigung, Wäscherei)	167,6	136,5	88,1	71,8	2128	1734
Gebietskörperschaften, Sozialversicherungen, Organisationen ohne Erwerbszweck	12,2	14,0	8,4	9,7	247	284
SUMME	1406,2	1210,9	579,3	493,1	14176	12489

Der regionale Produktionsmultiplikator errechnet sich wie folgt:

$$m^P = \frac{1406 + 1211}{1227} = 2,13$$

Der regionale Einkommensmultiplikator ergibt sich mit

$$m^W = \frac{579 + 493}{789,5} = 1,36$$

und der regionale Beschäftigungsmultiplikator weist folgenden Wert auf:

$$m^E = \frac{14176 + 12489}{20180} = 1,32$$

Analysiert man zusätzlich die Stadt München, so ist ein ähnliches Muster in der Verteilung der indirekten und induzierten Effekte festzustellen.

Die Produktions-, Einkommens- und Beschäftigungsmultiplikatoren die Stadt München betragen 0,44; 0,28 und 0,28.

Bulwien (1998b) weist für die Flughafenregion einen Beschäftigungsmultiplikator von 1,31 aus, für die Flughafenregion und die Stadt München ergibt sich ein Wert von 1,62. In der Studie des IFO-Instituts von 2002 wird für 2000 ein Beschäftigungsmultiplikator von 0,70 ermittelt, der allerdings auf einem deutlich kleineren Untersuchungsgebiet mit 71 Gemeinden beruht.

In dieser Abgrenzung sind nur rund zwei Drittel der sozialversicherungspflichtigen Beschäftigten im Vergleich zur Analyse von Bulwien (1998b) einbezogen.

111

Tabelle 56: Ökonomische Effekte des Flughafens München 2000 für die Stadt München: Ergebnisse Teil I

Sektor	Produktion Mio. €		Einkommen Mio. €		Beschäftigte Personen	
	Indirekte Effekte	Induzierte Effekte	Indirekte Effekte	Induzierte Effekte	Indirekte Effekte	Induzierte Effekte
Land- und Forstwirtschaft, Fischerei	0,9	2,6	0,1	0,3	18	54
Energie, Wasser, Steine und Erden, Chemische Erzeugnisse, Kunststoffe, Gummi, Glas, Feinkeramische Erzeugnisse, Mineralölerzeugnisse	0,2	0,7	0,0	0,0	1	3
Eisen und Metalle	2,4	3,9	0,7	1,2	18	30
Maschinenbau, EDV, Büromaschinen, Elektrotechnik, Feinmechanik	5,4	5,7	1,9	2,0	37	39
Fahrzeugbau	8,0	10,6	1,8	2,3	31	42
EBM-Waren, Musikinstrumente, Spielwaren, Schmuck	0,4	3,9	0,1	1,2	4	35
Holz, Papier, Druckerzeugnisse, Leder, Textilien, Bekleidung	9,1	14,6	2,7	4,3	67	107
Nahrungsmittel, Getränke, Tabak	12,3	25,5	2,7	5,6	91	189
Hoch-, Tief- und Ausbauleistungen	8,2	4,8	2,3	1,3	101	60
Groß- und Einzelhandel	12,5	58,8	6,4	30,2	224	1053
Verkehr, Nachrichtenübermittlung	68,7	29,2	26,9	11,4	638	271
Kreditinstitute, Versicherungen	10,0	35,3	1,7	5,9	71	250

5.6 Fiskalische Effekte

Aus den errechneten gesamtwirtschaftlichen Effekten resultieren Steuereinnahmen für den Staat. Die Berechnung dieser fiskalischen Wirkungen ist jedoch lediglich eine aggregierte Abschätzung. Eine Modellierung auf der Ebene der Personen und Haushalte mit Berücksichtigung der detaillierten Regelungen der Einkommensbesteuerung ist nicht möglich, da in der Input-Output-Analyse aggregierte Einkommensdaten nach funktioneller Gliederung verwendet werden.

Tabelle 57: Ökonomische Effekte des Flughafens München 2000 für die Stadt München: Ergebnisse Teil II

Sektor	Produktion Mio. €		Einkommen Mio. €		Beschäftigte Personen	
	Indirekte Effekte	Induzierte Effekte	Indirekte Effekte	Induzierte Effekte	Indirekte Effekte	Induzierte Effekte
Gebäude- und Wohnungsvermietung	18,3	70,8	8,4	32,6	25	96
Gastgewerbe	2,2	12,9	0,9	5,3	68	392
Kultur, Gesundheit	13,1	20,6	8,5	13,4	254	399
Sonstige marktbestimmte Dienstleistungen (z.B. Beratung, Planung, Reinigung, Wäscherei)	23,9	40,2	12,6	21,2	304	511
Gebietskörperschaften, Sozialversicherungen, Organisationen ohne Erwerbszweck	3,8	4,0	2,7	2,8	78	81
SUMME	199,5	344,3	80,4	141,2	2030	3613

Es sind zwar mit Hilfe der Input-Output-Analyse Schätzungen über die Verteilung der Einkommen aus unterschiedlichen Quellen möglich, wie etwa das Verhältnis zwischen den Bruttoeinkommen der beschäftigten Arbeitnehmer zu den Einkommen aus Unternehmertätigkeit und Vermögen, Aussagen über die personelle Einkommensverteilung lassen sich jedoch nicht machen. Daher ist die Abschätzung der durch die ökonomischen Aktivitäten des Flughafens bewirkten Steuereinnahmen nur auf der Basis von Durchschnittswerten möglich.

Im Jahr 2000 wurden in Deutschland insgesamt 467,3 Mrd. Steuern eingenommen, wobei die fünf aufkommensstärksten Steuerarten 83,2 % des Steueraufkommens betragen (BMF, 2005):

- Lohnsteuer, veranlagte Einkommensteuer, Solidaritätszuschlag
   159,8 Mrd. €
- Umsatzsteuer
   140,87 Mrd. €
- Mineralölsteuer
   37,83 Mrd. €
- Gewerbesteuer
   27,0 Mrd. €
- Körperschaftssteuer
   23,58 Mrd. €.

Der Anteil der Einnahmen aus Lohn- und Einkommensteuer sowie Solidaritätszuschlag in 2000 an der Bruttolohn- und –gehaltssumme von 883,36 Mrd. € (BGS, Statistisches Taschenbuch 2005) beträgt 18,1 %. Da die direkten, indirekten und induzierten Einkommenseffekte (Bruttolohn- und -gehaltssumme) des Flughafens München auf 1906,6 Mio. € geschätzt werden, ergeben sich bei konstanter Steuerquote Einnahmen aus Lohn- und Einkommenssteuer sowie Solidaritätszuschlag in Höhe von 345,1 Mio. €.

Die Umsatzsteuer betrug im Jahre 2000 insgesamt 140,9 Mrd. €, die privaten Konsumausgaben beliefen sich auf 1.214,16 Mrd. €. Daraus ergibt sich ein Anteil von 11,6 % für die Umsatzsteuer. Die direkten und indirekten Einkommen werden zu 58,3 % zum Konsum verwendet. Daraus resultieren Konsumausgaben in Höhe von 758,5 Mio. €. Aus den induzierten Einkommenseffekten von 605,6 Mio. € ergeben sich aufgrund eines Anteilswerts von 67,9 % insgesamt 411,2 Mio. € Konsumausgaben. Die Umsatzsteuer wird auf dieser Grundlage auf 135,7 Mio. € geschätzt.

Bei einem Mineralölsteueraufkommen von 37,82 Mrd. € in 2000 ergibt sich ein Anteil an den Konsumausgaben von 3,1 %. Legt man diese Quote zugrunde, so errechnen sich 36,3 Mio. € als Einnahmen aus der Mineralölsteuer in Abhängigkeit von den ökonomischen Flughafenaktivitäten.

Tabelle 58: Fiskalische Effekte des Flughafens München für 2000

Steuerarten	Mio. €
Lohnsteuer, veranschlagte Einkommensteuer, Solidaritätszuschlag	345,1
Umsatzsteuer	135,7
Mineralölsteuer	36,3
Gewerbe- und Körperschaftssteuer	97,4
Sonstige Steuern	124,0
Insgesamt	738,5

Die wirtschaftliche Leistungsfähigkeit der Unternehmen ist das Kriterium für die Steuern auf gewerbliche Tätigkeit. Deshalb wird als Berechnungsgrundlage die Bruttowertschöpfung gewählt. Die Gewerbe- und Körperschaftssteuer hatte in 2000 mit 50,6 Mrd. € einen Anteil von 2,74 % an der Bruttowertschöpfung von 1.856,2 Mrd. €.

Die Bruttowertschöpfung aus den indirekten und induzierten Effekten beträgt 1.973,9 Mio. € (siehe Tabelle 52).

Die Bruttowertschöpfung aus den direkten Effekten wird dadurch ermittelt, dass der für die Bruttowertschöpfung je Erwerbstätigen (siehe Tabelle 41 und Tabelle 43) für die Flughafenregion ermittelte Wert mit der Zahl der Beschäftigten auf dem Flughafen multipliziert wird.

Daraus resultiert eine Wertschöpfung von 1.581,2 Mio. €. Die gesamte Bruttowertschöpfung beträgt dann 3.555,1 Mio. € und die Einnahmen aus Gewerbe- und Körperschaftssteuer sind 97,41 Mio. €. Die noch nicht berücksichtigten Steuerarten haben einen Anteil von 16,8 %, sodass insgesamt mit Steuereinnahmen von 738,5 Mio. € aus den ökonomischen Effekten des Flughafens gerechnet werden kann (Tabelle 58).

5.7 Prognosen der ökonomischen Effekte bis 2020

Grundlage für eine Prognose der ökonomischen Effekte im Rahmen des Raumordnungsverfahrens für die 3. Start- und Landebahn des Flughafens München (Beginn 25.08.2006) ist eine Bedarfsprognose für die strategischen Variablen des Luftverkehrs, die Anzahl der Passagiere, Fracht und Post sowie Flugbewegungen.

Tabelle 59: Entwicklung der Wohnbevölkerung in Deutschland nach Altersklassen (Mio. Personen)

	Bevölkerung zum 31.12.					Veränderung 2000-2020	
	2000	2005	2010	2015	2020	absolut	in %
0 bis 19	17,4	16,6	15,4	14,8	14,3	-3,1	-18,0
20 bis 34	16,3	14,7	14,9	14,7	14,3	-2,0	-12,4
35 bis 49	19,3	20,3	19,0	16,7	15,2	-4,2	-21,5
50 bis 64	15,6	15,1	16,4	18,5	19,4	3,9	24,8
65 bis 79	10,6	12,1	12,4	12,5	12,4	1,8	17,1
80+	3,1	3,6	4,2	4,7	5,8	2,7	86,4
insgesamt	82,3	82,5	82,4	82,0	81,3	-1,0	-1,2
Anteile in %							
0 bis 19	21,1	20,1	18,7	18,1	17,5		-3,6
20 bis 34	19,8	17,8	18,1	18,0	17,5		-2,3
35 bis 49	23,5	24,6	23,1	20,4	18,7		-4,8
50 bis 64	18,9	18,4	19,9	22,5	23,9		5,0
65 bis 79	12,9	14,7	15,0	15,3	15,3		2,4
80+	3,8	4,4	5,1	5,7	7,1		3,3

Quelle: Prognos, 2002

Dabei werden Prämissen über die folgenden Bereiche gemacht (Intraplan Consult, 2006a, S. 77 ff.):

- Entwicklung der Bevölkerungs- und Altersstruktur der Quell- und Zielgebiete
- Entwicklung der Wirtschaft
- Reiseverhalten und Mobilität
- Verkehrspolitische Rahmenbedingungen
- Angebotsstrategien und Struktur der Luftverkehrswirtschaft
- Luftverkehrspreise

- Infrastruktur und Restriktionen der Flughäfen
- Landseitige Verkehrsinfrastruktur.

Aufgrund der Bevölkerungsprognosen von Prognos (2002) ist eine generell stagnierende Bevölkerungsentwicklung in Deutschland zu erwarten.

Weiterhin sind insbesondere die westlichen Industrieländer durch einen gravierenden demographischen Wandel im Hinblick auf einen Anstieg des Anteils älterer Bevölkerungsschichten gekennzeichnet. Besonders deutlich zeigt sich dies in Deutschland (Tabelle 59).

Der Anteil der 50- bis 64-Jährigen wird bis 2020 um 5 % zunehmen, die Anteile der 65- bis 79-Jährigen bzw. über 80-Jährigen um 2,4% bzw. 3,3%.

Für das Wachstum des Bruttoinlandsprodukts bis 2020 wird angenommen, dass es weltweit zwischen 1,5 % und 5,1 % schwankt (Tabelle 60).

Für die Industrieländer wird ein Wachstum zwischen 2,2% und 1,8% erwartet, für die Entwicklungs- und Schwellenländer zwischen 4,6% und 4,3% für die 5- Jahreszeiträume zwischen 2005 und 2020.

Für Deutschland werden für das Bruttoinlandsprodukt jährliche Wachstumsraten zwischen 2005 und 2015 von 1,8 % und zwischen 2015 und 2020 von 1,6 % angenommen. Weiterhin wird erwartet, dass das Bruttoinlandsprodukt pro Erwerbstätigen im Jahre 2010 insgesamt 59,9 Tsd. € beträgt und auf 72,4 Tsd. € im Jahre 2020 steigt. Dieses bedeutet eine durchschnittliche jährliche Veränderung von ca. 1,8% (Tabelle 61).

In Bezug auf das Reiseverhalten ist einerseits ein „Struktureffekt" durch Veränderung der Zusammensetzung der Bevölkerung mit unterschiedlichem Reiseverhalten, beispielsweise steigende Mobilität, Tendenz zu Fernreisen zu beobachten, andererseits ein „Kohorteneffekt" durch Veränderung des Reiseverhaltens innerhalb der Bevölkerungsgruppen im Zeitablauf, z. B. zunehmende Beteiligung älterer Bevölkerungsgruppen am Luftverkehr.

Die politischen Rahmenbedingungen werden durch eine fortschreitende EU-Integration und durch eine weitgehend von der EU bestimmten Luftverkehrspolitik gekennzeichnet. Die wichtigsten Annahmen zur Entwicklung der Luftverkehrswirtschaft beziehen sich auf den weiteren Ausbau des Allianzsystems, die weitere Expansion, aber auch Konsolidierung der Low-Cost-Gesellschaften und die Vermischung von Strukturen zwischen Tourismus-Airlines (Charter) und Low-Cost-Airlines.

Bei der Entwicklung der Luftverkehrspreise sind preiserhöhende und preissenkende Faktoren gegeneinander abzuwägen.

Preissteigernd sind beispielsweise die Kosten für Treibstoff, Sicherheitsaufwendungen und der Emissionshandel, preissenkend sind effizientere Flugzeuge, Kostendruck durch Low-Cost-Carriers und effizientere Bodendienste.

Tabelle 60: Entwicklung des Bruttoinlandsprodukts nach Regionen (Mrd. US$, in Preisen von 1995)

Jahr	2010	2015	2020
Welt	43 862	49 949	56 625
Industrieländer	31 030	34 146	37 283
-USA	11 176	12 449	13 751
-EU	12 060	13 237	14 415
-Sonstige	7 794	8 461	9 117
Reformländer	1 172	1 377	1 617
-Russland	483	547	624
-Sonstige	690	831	1 002
Entwicklungs- und Schwellenländer	9 590	11 956	14 793
-Afrika	815	979	1183
-Lateinamerika	2 423	2 906	3 468
-Asien	6 353	8 071	10 142
Sonstige	2 069	2 470	2 933
Veränderung in Prozent p.a.			
Jahr	2005-2010	2010-2015	2015-2020
Welt	2,8	2,6	2,5
Industrieländer	2,2	1,9	1,8
-USA	2,4	2,2	2,0
-EU	2,2	1,9	1,7
-Sonstige	1,8	1,7	1,5
Reformländer	3,1	3,1	3,3
-Russland	2,2	2,5	2,7
-Sonstige	3,5	3,7	3,5
Entwicklungs- und Schwellenländer	4,6	4,5	4,3
-Afrika	3,6	3,8	3,9
-Lateinamerika	3,7	3,7	3,6
-Asien	5,1	4,9	4,7
Sonstige	3,8	3,6	3,5

Quelle: Prognos, 2002, S. 8

Weiterhin muss berücksichtigt werden, in welcher Weise die Infrastruktur anderer Flughäfen ausgebaut wird. Es wird angenommen, dass die 4. Bahn in Frankfurt / M. 2009 gebaut wird. In Wien ist eine zusätzliche Bahn 2013 geplant.

In Berlin-Schönefeld wird die Parallelbahn und das Midfield Terminal ca. 2012 gebaut, in Amsterdam entsteht eine 6. Bahn und in London-Heathrow wird eine zusätzliche Bahn nicht vor 2020 gebaut.

Tabelle 61: Entwicklung des Bruttoinlandsprodukts in Deutschland

	2010	2015	2020
BIP in Preisen von 1995 (Mrd. €)	2380,0	2606,0	2872,0
BIP pro Kopf (Tsd. €)	28,9	31,8	34,8
BIP pro Erwerbstätigen (Tsd. €)	59,9	65,8	72,4
BIP in jeweiligen Preisen (Mrd. €)	2810,0	3365,0	3993,0
BIP pro Kopf (Tsd. €)	34,1	41,0	49,1
BIP pro Erwerbstätigem (Tsd. €)	70,7	84,9	102,3
Deflator des BIP (1995 = 100)	118,1	129,1	141,3

Veränderung in % p.a.			
	2005-2010	2010-2015	2015-2020
BIP in Preisen von 1995 (Mrd. €)	2,1	1,8	1,6
BIP pro Kopf (Tsd. €)	2,2	1,9	1,8
BIP pro Erwerbstätigem (Tsd. €)	1,8	1,9	1,8
BIP in jeweiligen Preisen (Mrd. €)	3,7	3,7	3,5
BIP pro Kopf (Tsd. €)	3,8	3,8	3,7
BIP pro Erwerbstätigem (Tsd. €)	3,4	3,7	3,8
Deflator des BIP (1995 = 100)	1,6	1,8	1,8

Quelle: Prognos, 2002, S. 71

Tabelle 62: Prognose für den Flughafen München 2020

	2004	2020	
		Planungsfall	Prognosenullfall
Passagiere (Mio.)	26,8	55,8	41,9
Fracht / Post (Tsd. t)	192	820	498
Bewegungen (Tsd.)	383	610	473

Quelle: Intraplan Consult, 2006a, S. 142

Schließlich werden Annahmen zur Verbesserung der landseitigen Anbindung des Flughafens München getroffen. Sie beziehen sich vor allem auf einzelne Ausbaumaßnahmen für Schiene und Strasse (Intraplan Consult, 2006a).

Auf der Grundlage dieser verschiedenen Prämissen wurde eine Bedarfsprognose für den Planungs- und Prognosefall für 2020 erstellt (Tabelle 62). Bulwien (2006) leitet für die vom Bayerischen Staatsministerium für Wirtschaft, Infrastruktur, Verkehr und Technologie abgegrenzte Region von insgesamt 71 Gemeinden Prognosen für die Arbeitsplätze und Einwohner im Jahre 2020 ab.

Tabelle 63: Arbeitsplatz-Prognose 2020 für das Untersuchungsgebiet

		Absolut		
		Gesamtes Unter- suchungs- gebiet	davon am Flug- hafen	davon am Um- land
Ist-Zustand 2004		319 200	23 300	295 900
Prognose- Zustand 2020	Prognose- nullfall	355 400	32 000	323 400
	Planungs- fall	371 100	41 000	330 100
		Zuwachs in %		
Prognose- Zustand 2020	Prognose- nullfall	11,3%	37,3%	9,3%
	Planungs- fall	16,3%	76%	11,6%

Quelle: Bulwien, 2006, S. 27

Dabei werden Städte und Gemeinden in fünf Gruppen mit ähnlichen Strukturmerkmalen zusammengefasst (Bayerisches Staatsministerium für Wirtschaft, Infrastruktur, Verkehr und Technologie, 2004, S. 16):

- Zentrale Orte höherer Stufe westlich der Isar, entlang der S1 bis Freising sowie der U6 – Gruppe 1
- Zentrale Orte höherer Stufe östlich der Isar, entlang der S8 und der S6 bis zum Flughafen – Gruppe 2
- Zentrale Orte höherer Stufe im nordöstlichen und östlichen Untersuchungsgebiet (überwiegend mit Bahnanschluss entlang der DB-Strecken Landshut / Regensburg und Mühldorf) – Gruppe 3
- Nicht-zentrale Orte und Kleinzentren im Landkreis Freising – Gruppe 4
- Nicht-zentrale Orte und Kleinzentren in den Landkreisen Ebersberg und Erding – Gruppe 5
- Nicht-zentrale Orte und Kleinzentren im Landkreis Landshut – Gruppe 6

Bulwien (2006) schätzt für dieses Untersuchungsgebiet und die Gemeindegruppen die Anzahl der Arbeitsplätze und Einwohner für 2020, und zwar für den Prognosenullfall und den Planungsfall. Dabei werden sowohl die Entwicklung ökonomischer und verkehrspoliti- scher Indikatoren (Intraplan Consult, 2006a) als auch regionale Besonderheiten behandelt (siehe Abbildung 23).

Abbildung 23: Grundlagen der Arbeitsplatzprognose 2020

Quelle: Bulwien, 2006, S. 24

Für den Prognosenullfall werden 2020 im Untersuchungsgebiet insgesamt 355.400 Arbeitsplätze geschätzt, davon 32.000 am Flughafen. Für den Planungsfall rechnen Bulwien (2006) für 2020 mit insgesamt 371.100 Arbeitsplätzen, davon 41.000 am Flughafen (Tabelle 63).

Tabelle 64: Arbeitsplatz-Wachstum 2004 bis 2020 für Gemeindegruppen

Gemeinde-gruppe	2004	2020			
		Prognosenullfall		Planungsfall	
		absolut	Zuwachs	Absolut	Zuwachs
1 (ohne Flughafen)	85 100	92 000	6 900	94 600	9 500
Flughafen	23 300	32 000	8 700	41 000	17 700
2	108 100	121 000	13 200	123 000	14 900
3	71 200	76 400	5 200	78 100	6 900
4	12 200	13 100	900	13 300	1 100
5	11 700	12 400	700	12 700	1 000
6	7 600	8 200	600	8 400	800
Gesamt	*319 200*	*355 400*	*36 200*	*371 100*	*51 900*
unmittelbares Flughafenumland	89 600	89 600	12 800	100 500	23 700

Quelle: Bulwien, 2006, S. 28

Im Planungsfall wird insgesamt das Wachstum der Arbeitsplätze auf 16,3 % geschätzt, wobei im „Flughafenkorridor" sowie im zentralen Bereich um Landshut Gemeindegruppen (Gemeindegruppen 1,2 und 3) der stärkste Arbeitsplatzzuwachs (mit 94 % des gesamten Wachstums) erwartet wird.

Die Prognose der Entwicklung der Einwohner im Prognosenullfall verwendet die Raumordnungsprognose des Bundesamtes für Bauwesen und Raumordnung für 2020, die Entwicklungstendenzen 1990 bis 2004 sowie regionale Besonderheiten.

Für den Planungsfall wird angenommen, dass die regionale Verteilung der Wohnorte der Flughafen-Beschäftigten konstant bleibt, 51-55 % der Flughafen-Beschäftigten im Untersuchungsgebiet wohnen, und der Beschäftigungsmultiplikator für das Untersuchungsgebiet 0,7 beträgt (Bulwien, 2006).

Auf dieser methodischen Grundlage werden Prognosen für die 2020 zu erwartenden Einwohner für das Untersuchungsgebiet insgesamt und die einzelnen Gemeindegruppen durchgeführt. Für das Untersuchungsgebiet wird zwischen 2004 und 2020 für den Planungsfall ein Wachstum von 12,5 %, für den Prognosenullfall von 9,8 % erwartet (Tabelle 65).

Tabelle 65: Prognosen der Einwohner für 2020 für das Untersuchungsgebiet

		Absolut	Zuwachs absolut bzw. in %	
Ist-Zustand 2004		526 200		
Prognose-Zustand 2020	Prognose-nullfall	578 000	51 800	9,8 %
	Planungs-fall	592 200	66 000	12,5 %

Quelle: Bulwien, 2006, S. 29

Der „Flughafenkorridor" sowie der zentrale Bereich um Landshut (Gruppen 1, 2, 3) haben 2004 mit 70 % den höchsten Einwohner-Anteil. Hier wird im Planungsfall auch mit 57 % des gesamten Wachstums die stärkste Steigerung erwartet. Das höchste relative Wachstum wird mit 22 % in den kleinen Gemeinden des östlichen Flughafenumlandes prognostiziert, und zwar für Erding (Gruppe 5) und die Umlandgemeinden (Gruppe 6). Im Prognosenullfall wird ebenfalls in den Gruppen 1, 2 und 3 das stärkste absolute Einwohnerwachstum erwartet, das höchste relative Wachstum jedoch in Gruppen 5 (mit ca. 19 %) und Gruppe 6 (mit ca. 18 %) (Tabelle 66).

Bulwien (2006) verwendet in seiner Analyse die Prognosen der direkten Beschäftigten für 2020 aus der Studie von Intraplan Consult (2006b). Dabei werden Prognosen für die Beschäftigungsintensität entsprechend dem Ansatz in der Publikation aus dem Jahre 2002 für den Flughafen München.

In dieser Studie wurden für eine Prognose bis 2015 zwei Alternativen für die Beschäftigungsintensität als Erwerbstätige pro 1 Mio. Passagiere gewählt. In der ersten Alternative wurde ein Wert von 750 angenommen, wobei mit einer Abnahme der Beschäftigungsintensität von 1 % pro Jahr gerechnet wird. In der zweiten Alternative wird von einem weiteren Hub-Ausbau ausgegangen und ein Wert von 820 unterstellt (Bayerisches Staatsministerium für Wirtschaft, Verkehr und Technologie, 2002, S. 109).

Intraplan Consult (2006b) ermittelt die Prognosen für die Beschäftigung auf dem Flughafen für 2020 ebenfalls auf dieser methodischen Grundlage. Als Bezugsgröße der Beschäftigungsintensität wird einerseits die Zahl der Passagiere, andererseits die „Workload Units" (Summe der Zahl der Passagiere und des mit 10 multipliziertem Frachtaufkommens in Tonnen) verwendet. Intraplan Consult (2006b, S. 17 ff) ermittelt für den Prognosenullfall im Jahre 2020 bei einem Rückgang der auf die Passagierzahl bezogenen Beschäftigungsintensität um 1,5% p.a. eine direkte Beschäftigung von 32.600.

Eine Abnahme der auf die Workload Units bezogenen Beschäftigungsintensität von 2% p.a. führt zu einer direkten Beschäftigung in 2020 von 31.300. Deshalb erwartet Intraplan Consult (2006b) für den Prognosenullfall im Jahre 2020 eine direkte Beschäftigung von ca. 32.000. Diese Ergebnis wird durch eine detaillierte Analyse der prognostizierten Beschäftigten in den einzelnen Arbeitsbereichen (Flugbetriebsbezogene Tätigkeiten, Fliegendes Personal, Wartung, Instandhaltung, etc.) bestätigt (Intraplan Consult, 2006b, S. 18 ff).

Tabelle 66: Einwohner-Wachstum 2004 bis 2020 für Gemeindegruppen

Gemeinde-gruppe	2004	2020			
		Prognosenullfall		*Planungsfall*	
		absolut	Zuwachs	Absolut	Zuwachs
1	126 200	132 300	6 100	135 500	9 300
2	117 700	132 100	14 400	135 300	17 600
3	122 500	130 700	8 200	133 000	10 500
4	60 200	65 000	4 800	66 700	6 500
5	68 100	80 800	12 700	83 300	15 200
6	31 500	37 000	5 500	38 300	6 800
Gesamt	526 200	577 900	51 700	592 100	65 900

Quelle: Bulwien, 2006, S. 31

Im Planungsfall wird mit höheren Produktivitätssteigerungen gerechnet und im Vergleich zum Prognosenullfall eine Steigerung um einen halben Prozentpunkt angenommen.

Daraus ergeben sich die direkten Beschäftigten für 2020 mit 39.800 (bezogen auf die Workload Units).

Damit wird im Durchschnitt eine direkte Beschäftigung von 39.500 für 2020 erwartet. Durch den Ausbau der Terminalinfrastruktur und der Drehkreuzfunktion aufgrund der Inbetriebnahme des Terminals 2 wurde ein zusätzlicher Beschäftigungseffekt von 2.500 bis 3.000 Arbeitsplätze geschätzt.

Im Planungsfall wird zur Bewältigung des Nachfrageanstiegs ein Ausbau des Terminals 2 durch ein Satellitenterminal erforderlich. Der dadurch ausgelöste Effekt wird auf 1.250 bis 1.500 Arbeitsplätze geschätzt. Daraus ergibt sich für den Planungsfall eine Prognose für direkte Beschäftigung für 2020 von insgesamt ca. 41.000 (Intraplan Consult, 2006b, S. 20 ff.).

Ein alternativer methodischer Ansatz besteht darin, anstelle einer Annahme über die zukünftige Beschäftigungsintensität Regressionsrechnungen durchzuführen und daraus die direkte Beschäftigung im Planungs- und Prognosenullfall zu berechnen. Wegen der hohen Korrelation zwischen den erklärenden Variablen Passagiere, Flugbewegungen und Fracht/Post von 0,95 bis 0,99 und dem daraus resultierenden Problem der Multikollinearität ist jeweils nur eine der Variablen signifikant. Die Schätzgleichung für die Beschäftigung in Abhängigkeit von den Flugbewegungen und der Fracht/Post lautet (t-Werte in Klammern):

$$B = 5983,14 + 36,75 \text{ FB} + 19,05 \text{ FR/P}$$

$$(7,3) \qquad (3,06) \qquad (0,82)$$

$$DW = 1,96$$

$$R^2 = 0,97$$

mit   B: Beschäftigung

        FB: Flugbewegungen

        FR/P: Fracht / Post

Aus dieser Regression ergeben sich für den Planungsfall 2020 insgesamt 44.000 Beschäftigte auf dem Flughafen, für den Prognosenullfa" 32.800 Beschäftigte. Aus einer Regression mit der Anzahl der Passagiere als erklärende Variable ergibt sich, dass im Planungsfall 2020 mit 42.000, im Prognosenullfall mit 33.000 zu rechnen ist. Bulwien (2006) hat für 2020 für den Prognosenullfall 32.000 und für den Planungsfall 41.000 Beschäftigte auf dem Flughafen prognostiziert. Der Arbeitsplatzzuwachs 2004 bis 2020 wird im Untersuchungsgebiet (71 Gemeinden) im Planungsfall auf 51.900, im Prognosenullfall auf 36.200 zusätzliche Arbeitsplätze geschätzt. Als Beschäftigungsmultiplikator wird dabei 0,7 gewählt, der aus der Studie von 2002 des Bayerischen Staatsministeriums für Wirtschaft, Verkehr und Technologie entnommen wurde. Die Arbeitsplatzprognose wird nach 6 Gruppen von Gemeinden aus dem Untersuchungsgebiet differenziert. Zudem wird eine Einwohner-Prognose für 2020 für diese Gemeinde-Gruppen präsentiert.

Für die in der vorliegenden Studie gewählte regionale Abgrenzung der Flughafenregion (siehe auch Bulwien, 1998b) wurde für den Status quo ein regionaler Beschäftigungsmultiplikator von 1,32 berechnet. Für 2020 sind dann für den Planungsfall 58.100, für den Prognosenullfall 43.300 zusätzliche Beschäftigte in der Flughafenregion zu erwarten (Tabelle 67).

Tabelle 67: Prognose der Beschäftigungseffekte des Flughafens München in der Flughafenregion 2020

	Planungsfall	Prognosenullfall
Direkte Effekte	44 000	32 800
Indirekte / Induzierte Effekte	58 100	43 300
Gesamt	102 100	76 100
Differenz		26 000

Die Differenz zwischen Planungs- und Prognosenullfall beträgt insgesamt 26.000 Beschäftigte in der Flughafenregion. Bulwien (2006) berechnet für die engere Abgrenzung des Untersuchungsgebietes eine Differenz von 15700 Beschäftigten. Da diese etwa zwei Drittel der Flughafenregion ausmacht, würde dies zu einer Differenz von etwa 24.000 Beschäftigten führen.

Aus den Prognosen für den Prognosenullfall (2020: 41,9 Mio. Passagiere) und dem Planungsfall (2020: 55,8 Mio. Passagiere) ergeben sich wichtige Folgerungen für das Verkehrskonzept für das Flughafenumland. Für den Prognosenullfall wird ein Umsteigeranteil von 30%, für den Planungsfall ein Anteil von 45% erwartet, sodass das landseitige Passagieraufkommen im Prognosenullfall 29,3 Mio. und im Planungsfall 30,7 Mio. beträgt (TRANSVER, 2006). Dies bedeutet eine Erhöhung gegenüber dem Ist-Zustand im Prognosenullfall um 65%, im Planungsfall um 73%.

Daraus ergibt sich, dass die Fahrten der Fluggäste auf den Straßenverbindungen im Jahre 2020 im Prognosenullfall 17,9 Mio. und im Planungsfall 18,8 Mio. betragen werden. Das bedeutet eine Zunahme der Personen-Fahrten pro Tag gegenüber dem Ist-Zustand 2004 im Prognosenullfall von 50%, im Planungsfall von 58%.

Für das gesamte landseitige Verkehrsaufkommen am Flughafen München an einem Wochenwerktag im Kfz-Verkehr sind aufgrund von

- Passagieren
- Beschäftigten
- Besuchern
- Fracht- und Wirtschaftsverkehr

für den Prognosenullfall und den Planungsfall im Vergleich zum Ist-Zustand 2004 folgende Ergebnisse zu erwarten (Tabelle 68).

Tabelle 68: Landseitiges Verkehrsaufkommen am Flughafen München 2004 (Ist-Zustand) und Prognose für 2020

	2004	2020	
	Ist-Zustand	*Prognosenullfall*	*Planungsfall*
Flughafenverkehr (Kfz-Fahrten/ Tag)	69 000	97 000	110 500
Absolute Zunahme		+ 28 000	+ 41 500
Relative Zunahme		+ 41%	+ 60%
Zunahme Planungsfall vs. Prognosenullfall			+14%

Quelle: TRANSVER, 2006, S. 7

Die Zunahme des Verkehrsaufkommens an einem Wochenwerktag für den Planungsfall wird auf insgesamt 13.500 Kfz-Fahrten bzw. 14% geschätzt. Ursache sind vor allem die Kfz-Fahrten der zusätzlichen Flughafenbeschäftigten mit etwa 9.300 Fahrten, die zusätzlichen Fahrten von Passagieren mit etwa 2.700 und 1.500 Fahrten im Fracht- und Wirtschaftsverkehr (TRANSVER, 2006). Deshalb hat das Bayerische Staatsministerium für Wirtschaft, Infrastruktur, Verkehr und Technologie ein Gesamtkonzept für die verkehrliche Erschließung des Flughafens München und seines Umlandes entwickelt, das den zukünftigen Entwicklungen Rechnung tragen soll (Bayerische Staatsministerium für Wirtschaft, Infrastruktur, Verkehr und Technologie, 2006). Das Infrastrukturpaket „Schiene" umfasst dabei folgende Maßnahmen:

- Verbindungsspange vom Flughafen München Richtung Erding (Erdinger Ringschluß)
- Verbindungskurve von Schienenstrecke München-Landshut bis Freising Bahnhof (Neufahrner Gegenkurve)
- Verbindungsspange von Erding zur Schienenstrecke München-Mühldorf (Walpertskirchner Spange)
- Ausbau/Elektrifizierung Schienenstrecke München-Ost – Mühldorf – Chemiedreieck/Freilassing
- Verbindungsspange zur Messe München.

Diese Maßnahmen sollen dazu dienen

- die Erreichbarkeit des Flughafens auch aus entfernteren Regionen zu verbessern
- Arbeitsplätze aus dem weiteren Flughafenumland zu gewinnen
- den Individualverkehr auf der Straße zu verringern.

Als weitere wichtige Maßnahme ist der Bau einer Magnetschnellbahn vorgesehen, die eine Verknüpfung des Flughafens mit dem ICE-Hochgeschwindigkeitsnetz sowie dem Schienenpersonenverkehr und eine signifikante Fahrzeitverkürzung zwischen Flughafen und der Stadt München („alle 10 Minuten in 10 Minuten") ermöglichen sollen. Die Investitionskosten werden dabei auf 1,85 Mrd. € geschätzt.

Der Flughafen München hat sich in der Vergangenheit sowohl unter ökonomischen als auch unter verkehrspolitischen Aspekten sehr dynamisch entwickelt, die Hubfunktion konnte ausgebaut werden und die Verbindungsnetze insbesondere nach Südeuropa stetig verbessert werden. Die wichtigsten langfristigen Strategien beziehen sich auf eine deutliche Steigerung des Interkontinentalverkehrs und eine Optimierung der Verkehrsinfrastruktur im Flughafenumland. Zur Realisierung dieser Zielsetzungen liegen derzeit bereits detaillierte Konzepte vor.

6 Fazit und Ausblick

Die zunehmende Tendenz zur Globalisierung, die Intensivierung der weltweiten kulturellen Beziehungen, die wachsende Mobilität der Produktionsfaktoren Arbeit und Kapital und die internationalen Verflechtungen von Unternehmen haben dazu beigetragen, dass die Nachfrage nach Leistungen des Luftverkehrs sich in den vergangenen 10 Jahren sehr dynamisch entwickelt hat. Es ist zu erwarten, dass sich dieser Trend auch langfristig bis 2020 fortsetzt. Daraus ergibt sich die Frage nach einer Erhöhung des Angebots an Luftverkehrsleistungen durch Optimierung der bestehenden Kapazitäten oder durch den Ausbau einzelner Flughäfen. Da diese Entscheidungen von zentraler gesellschaftlicher Bedeutung für die Gesamtwirtschaft und insbesondere für das Flughafenumland sind, ist es notwendig, verschiedene Alternativen des Ausbaus oder der Optimierung im Hinblick auf die Konsequenzen miteinander zu vergleichen. Die Wirkungen alternativer Strategien sind außerordentlich komplex und beziehen sich auf Umwelt, Wirtschaftsstruktur, Arbeitsmärkte, Immobilienmärkte, Infrastruktur, usw. Ziel dieser Arbeit ist es, Ausschnitte aus dieser Problematik zu behandeln und vor allem die wichtigsten ökonomischen Effekte zu untersuchen. Daten für den Flughafen München für das Jahr 2000 werden dazu verwendet, die direkten, indirekte, induzierten und fiskalischen Effekte zu berechnen und eine Szenario-Analyse für den Prognosenullfall und den Planungsfall für 2020 durchzuführen.

Die gesamtwirtschaftlichen bzw. regionalen Wirkungen beinhalten sowohl Nutzen als auch externe Kosten. Es wird zunächst ein umfassender konzeptioneller Ansatz diskutiert, der alle Nutzen- und Kostenarten und damit die unterschiedlichen Effekte der ökonomischen Aktivitäten enthält. Für eine empirische Umsetzung müssen jedoch die Probleme einer geeigneten Operationalisierung und Messung behandelt werden. Die Operationalisierung der Nutzeneffekte erfolgt in direkte, indirekte, induzierte und katalytische Effekte. Eine wichtige Frage ist dabei die Behandlung der flughafenaffinen Unternehmen und ihre Zuordnung zu den direkten oder katalytischen Effekten. Die Messung der direkten Effekte erfolgt durch Befragung, die Quantifizierung der indirekten und induzierten Effekte im Allgemeinen durch Anwendung des erweiterten Input-Output-Modells. Zur Messung der katalytischen Wirkungen werden zumeist qualitative, aber auch quantitative Ansätze diskutiert, wobei die datengestützten Verfahren, z. B. Quantifizierung der Tourismus-Effekte, im Vergleich zu den Modellansätzen, z. B. Messung der Produktivitätseffekte, bevorzugt werden.

In einem umfassenden Bewertungsansatz sind den verschiedenen Nutzenkategorien die Kosten, z. B. durch Umweltbelastung, gegenüberzustellen. Zur Operationalisierung dieser Effekte wird der Wirkungspfad-Ansatz verwendet. Zur monetären Bewertung wird entweder der hedonische Preis-Ansatz oder die „Contingent-Valuation"-Methode verwendet. Die Messung der Kostenkategorien, z. B. Fluglärm, mit monetären Einheiten erfolgt aufgrund von vorgegebenen Grenzwerten, z. B. in dB, und Marktpreisen für Gesundheitsleistungen.

Die quantitative Ermittlung der ökonomischen Wirkungen erfolgt unter Verwendung verschiedener methodischer Ansätze.

Die Analyse der indirekten und induzierten Effekte im Hinblick auf Produktion, Wertschöpfung, Einkommen und Beschäftigung erfolgt in der Regel durch den Input-Output-Ansatz mit endogenisierter Konsumnachfrage sowohl für die gesamte Volkswirtschaft als auch für einzelne regionale Einheiten, z. B. Bundesländer oder ein regional abgegrenztes Flughafenumland. Zur Durchführung einer Input-Output-Analyse sind Input-Output-Tabellen notwendig, die in Deutschland jedoch nur für die Volkswirtschaft, nicht jedoch für Bundesländer oder regionale Einheiten verfügbar sind. Als Datengrundlage werden Informationen über die ökonomische Leistungserstellung der Unternehmen auf dem Flughafen und auch eventuell der flughafenaffinen Betriebe im Flughafenumland verwendet. Im erweiterten Input-Output-Modell mit endogener Konsumnachfrage werden lediglich die durch den Konsum ausgelösten Multiplikatoreffekte erfasst; die übrigen makroökonomischen Kreislaufwirkungen, beispielsweise durch zusätzliche Investitionen, werden im Modellansatz nicht berücksichtigt. Die gesamten volkswirtschaftlichen Multiplikatorwirkungen können dadurch modelliert werden, dass der Input-Output-Ansatz mit makro- oder regionalökonometrischen Modellen verknüpft wird.

Ziel des multivariaten statistischen Ansatz ist die Ermittlung der gesamten ökonomischen Effekte einschließlich der katalytischen Effekte durch Schätzung der Zusammenhänge zwischen Luftverkehrsanbindung einer Region und der regionalwirtschaftlichen Entwicklung mit Hilfe von Querschnitts- und Zeitreihenregressionen. Dabei werden die Wirkungen zwischen ausgewählten Luftverkehrsindizes und wichtigen regionalökonomischen Indikatoren berechnet.

Die Entwicklung eines umfassenden Bewertungskonzepts ist insbesondere das Ziel der Kosten-Nutzen-Analyse. Alle relevanten Kosten- und Nutzenkategorien sollen erfasst werden und in monetäre Einheiten umgerechnet werden, beispielsweise durch Marktpreise, Ermittlung der Zahlungsbereitschaft oder Erfassung politischer Präferenzen. Ein alternativer methodischer Ansatz ist die Kosten-Effizienz-Analyse, die die Wirkungen der einzelnen Einflussfaktoren auch in nicht-monetären Dimensionen formuliert. Schließlich wird der Ansatz der „Multi-Criteria-Decision"-Analyse vorgeschlagen, der eine einheitliche Kriterienbewertung in Präferenzskalen vorsieht.

In einem Überblick über die wichtigsten empirischen Studien zu den ökonomischen Effekten des Luftverkehrs für die einzelnen Regionen der Welt, für die USA und Europa wird gezeigt, in welcher Höhe direkte, indirekte, induzierte und katalytische Effekte geschätzt werden und welche Wirkungen insbesondere auf die Beschäftigung und die Wertschöpfung eines Landes oder einer Region zu erwarten sind. Für die Flughäfen in Deutschland kann festgestellt werden, dass der gesamtwirtschaftliche Beschäftigungsmultiplikator zwischen 1,7 und 2,2 liegt. Für die USA wird der Beschäftigungsmultiplikator auf 1,6, für Europa durchschnittlich auf 2,1 geschätzt. Die regionalen Multiplikatoren sind kaum vergleichbar, da sie jeweils unterschiedliche räumliche Abgrenzungen des Flughafenumlandes verwenden.

Das zur Berechnung der ökonomischen Effekte entwickelte methodische Konzept wird schließlich für den Flughafen München angewendet.

Zunächst wird die Bedeutung des Flughafens München im Rahmen einer dynamischen Luftverkehrsentwicklung behandelt. Der Flughafen München ist aufgrund des Ausbaus der Hubfunktion durch ein überdurchschnittliches Verkehrswachstum gekennzeichnet. So beträgt die durchschnittliche jährliche Wachstumsrate der Passagiere im Zeitraum 1992 bis 2004 6,9% (Vergleich: Deutsche Flughäfen ohne München: 4,1%). Die entsprechende jährliche durchschnittliche Wachstumsrate der Flugbewegungen ist 6,5% und liegt damit deutlich über der Wachstumsrate für deutsche Flughäfen ohne München mit nur 2,0%. Neben dem für das Entwicklungspotenzial wichtigen strategischen Größen Passagier- und Frachtaufkommen sowie Flugbewegungen ist gerade für die Bewertung der katalytischen Effekte die Standortattraktivität von zentraler Bedeutung. Nach einer neueren Analyse der Standortattraktivität von europäischen Städten hat München aufgrund einer Umfrage von etwa 500 europäischen Unternehmen für die vier wichtigsten Bewertungskriterien (Zugang zu Märkten, Kunden und Verbrauchern; Verfügbarkeit von qualifiziertem Personal; externe Verkehrsanbindungen; Qualität der Telekommunikationseinrichtungen) Prioritäten zwischen 7 und 12. In einer Analyse der ökonomischen Rahmenbedingungen des Flughafens, zeigt sich, dass im Flughafenumland vergleichsweise dynamische Entwicklungsprozesse zu beobachten sind, beispielsweise im Hinblick auf die Wohnbevölkerung, die Bruttowertschöpfung und die Erwerbstätigen. Dies spiegelt sich auch in der Entwicklung der Beschäftigten auf dem Flughafen wider. So hat die Beschäftigung auf dem Flughafen zwischen 1997 und 2000 um 16,9% und zwischen 2000 und 2003 um 15,6% zugenommen.

Die empirische Analyse der gesamtwirtschaftlichen ökonomischen Effekte des Flughafens München ergibt, dass die indirekten Beschäftigungseffekte mit 20.300 und die induzierten Beschäftigungseffekte mit 19.100 ermittelt werden. Der gesamtwirtschaftliche Beschäftigungsmultiplikator beträgt 1,95, während der entsprechende Multiplikator für die Flughafenregion mit 1,32 errechnet wird. Die fiskalischen Effekte werden auf insgesamt 738,5 Mio. € geschätzt.

Eine Szenario-Analyse wird für das Jahr 2020 für den Planungsfall (55,8 Mio. Passagiere, 820 Tsd. Tonnen Fracht/Post, 610 Tsd. Flugbewegungen) durchgeführt. Mit Hilfe einer Regressionsanalyse werden auf dem Flughafen für den Planungsfall 44.000 Beschäftigte, für den Prognosenullfall 32.800 Beschäftigte geschätzt. Legt man den errechneten regionalen Beschäftigungsmultiplikator zugrunde, so ergeben sich für den Planungsfall 58.100, für den Prognosenullfall 43.300 indirekte und induzierte Beschäftigte in der Flughafenregion. Dies führt zu einer Differenz zwischen Planungs- und Prognosenullfall von 26.000 Beschäftigten. In beiden Alternativen muss das Verkehrskonzept angepasst werden. Die verschiedenen Maßnahmen beziehen sich auf einen Ausbau des Schienennetzes im Flughafenumland und den Bau einer Magnetschnellbahn zwischen dem Flughafen und der Stadt München.

Obzwar heute schon weltweit eine Vielzahl empirischer Studien zur Ermittlung ökonomischer Effekte vorliegen, sind noch wichtige Forschungslücken zu schließen.

So liegt derzeit noch kein umfassendes und überzeugendes Konzept für die Erfassung katalytischer Effekte vor. Es werden jeweils zwar spezifische Probleme behandelt, die zumeist in qualitativen Dimensionen dargestellt werden und nicht mit den quantitativen Ergebnissen der direkten, indirekten und induzierten Wirkungen verglichen werden können. Weiterhin ist zu beachten, dass die katalytischen Effekte aufgrund vielfältiger Einflussfaktoren entstehen. Die Gewichtung dieser unterschiedlichen Faktoren ist problematisch und muss mit Hilfe von Sensitivitätsanalysen überprüft werden.

Flughafenaffine Unternehmen sind für eine Analyse ökonomischer Effekte von hoher Bedeutung. Ein allgemeingültiges Abgrenzungskonzept ist zu entwickeln, damit eine zweckmäßigere Datenerhebung und eine geeignete Definition der Grundgesamtheit erfolgen kann.

Schließlich sind die Konzepte zur Messung von externen Effekten weiter zu entwickeln, vor allem die Monetarisierung, die Wahl von Standards und schließlich auch die Gewichtung. Es ist schwierig, die unterschiedlichsten Kategorien von Wirkungen in einem einheitlichen Bewertungsrahmen zu erfassen und vergleichbar zu machen. Dies ist lediglich für Teilaspekte möglich.

Zusammenfassend ist zu sagen, dass in der vorliegenden Arbeit die Fragestellung, wie ökonomische Effekte von Flughäfen gemessen werden können, sowohl konzeptionell wie auch empirisch bearbeitet worden ist. Die daraus gewonnenen Erkenntnisse können als Entscheidungsunterstützung dienen, da die ökonomischen Auswirkungen von Flughäfen auf das Umland auf politischer Ebene meist kontrovers diskutiert werden.

LITERATURVERZEICHNIS

Ahmed, S.U., Gotoh, K. (2006): Cost-Benefit Analysis of Environmental Goods by Applying the Contingent Valuation Method, Some Japanese Case Studies, Springer Verlag, Tokyo, Berlin, Heidelberg, New York

Airports Council International (ACI) (1998): Creating Employment and Prosperity in Europe

Airports Council International (ACI), York Aviation (2004): The social and economic impact of Airports in Europe

Airports Council International (ACI) (2002): The Economic Impact of U.S. Airports 2002

Airports Council International (ACI) (2002): The Economic Impact of Canadian Airports

Airports Council International (ACI), York Consulting (2000): Creating Employment and Prosperity in Europe: An Economic Impact Study Kit, Brüssel, Leeds

Air Transport action Group (ATAG) (2005): The economic & social benefits of air transport

BAA Heathrow (2000): How Heathrow works for London and the UK

Batey, P. W. J., Madden, M., Scholefield, G. (1993): Socio-economic Impact Assessment of Large-scale Projects using Input-Output Analysis: A Case Study of an Airport, Regional Studies 27, 179-191.

Baum, H., Esser, K., Kurte, J., Schneider, J. (2003): Standortfaktor Flughafen Frankfurt / Main – Bedeutung für die Struktur, Entwicklung und wettbewerbsfähigkeit der Wirtschaft der Region Rhein-Main, Gutachten G19.2, Mediationsgruppe Flughafen Frankfurt / Main

Baum, H., Esser, K., Kurte, J., Probst, K. M. (1999): Bedeutung des Flughafens Frankfurt / Main als Standortfaktor für die regionale Wirtschaft, Köln, Frankfurt / Main

Baum, H., Kurte, J., Schneider, A. (1998): Der volkswirtschaftliche Nutzen des Flughafens Köln/Bonn. (Studie im Auftrag der Flughafen Köln/Bonn GmbH, des Ministeriums für Wirtschaft und Mittelstand, Technologie und Verkehr des Landes Nordrhein-Westfalen und des Regio Köln/Bonn und Nachbarn e.V.), Institut für Verkehrswissenschaft, Universität Köln

Bay Area Economic Forum (2004): Economic Impacts of Competitive Air Service at San Francisco International Airport, San Francisco

Bayerisches Staatsministerium für Wirtschaft, Infrastruktur, Verkehr und Technologie (2006): Gesamtkonzept für die verkehrliche Erschließung des Flughafens München und seines Umlandes, München

Bayerisches Staatsministerium für Wirtschaft, Verkehr und Technologie (2004): Der Flughafen München und sein Umland, Ergebnisse des Dialogprozesses für ein Leitkonzept Flughafenumland, München

Bayerisches Staatsministerium für Wirtschaft, Verkehr und Technologie (2002): Der Flughafen München und sein Umland, Grundlagenermittlung für einen Dialog, Teil 1: Strukturgutachten Teil 2: Verkehrsgutachten, München

Boardman, A. E., Greenberg, D. H., Aidan, L. V., Weimer, D. L. (2006): Cost-Benefit Analysis: Concepts and Practice, Prentice Hall, New Jersey

Brown, J., Seidman, J., Solanki, N., Neinstein, D., Factor, S. (2004): O`Hare International Airport Noise Pollution: A Cost-Benefit Analysis

Bulwien, H. (2006): Auswirkungen des Vorhabens 3. Start-/Landebahn auf Wirtschaft und Siedlung im Flughafenumland, München

Bulwien, H. (2003): Der volkswirtschaftliche Nutzen des Flughafen Frankfurt / Main, München

Bulwien, H., Hujer, R., Kokot, S., Mehlinger, C., Rürup, B., Voßkamp, T. (1999): Einkommens- und Beschäftigungseffekte des Flughafens Frankfurt / Main, München, Frankfurt / Main, Darmstadt

Bulwien, H. (1998a): Wirtschaftliche Auswirkungen des Flughafens Nürnberg, Unterföhring

Bulwien, H. (1998b): Wirtschaftsfaktor Flughafen München, Unterföhring

Bundesministerium für Gesundheit und soziale Sicherung (2005): Statistisches Taschenbuch 2005, Arbeits- und Sozialstatistik, Bonn

Cooper, A., Smith, P. (2005): The Economic Catalytic Effects of Air Transport in Europe, Oxford, Economic Forecasting, Oxford

Cushman & Wakefield Healey & Baker (2003): European Cities Monitor 2003

Delander, L., Niklasson, H. (1996): Cost-Benefit Analysis. In Schmid, G. (Hrsg.): International Handbook of Labour Market Policy and Evaluation, Edward Elgar, Cheltenham

Empirica (1996): Die Bedeutung des Flughafens Hamburg für die Metropolregion, Freie und Hansestadt Hamburg Wirtschaftsbehörde

Engle, R. F., Granger, C. W. J. (1987): Co-Integration and Error Correction: Representation, Estimation and Testing, in: Econometrica, Vol. 55, No. 2, S. 251-276

Erie, S. P., Kasarda, J., McKenzie, A. (1998): A New Orange County at El Toro: An Economic Benefits Study

European Commission (1999): ExternE Externalaties of Energy, Vol 7. Methodology 1998 Update, Luxembourg

European Commission (1995): Towards Fair and Efficient Pricing in Transport, Brüssel

Federal Aviation Administration (FAA) (1999): FAA Airport Benefit-Cost Analysis Guidance

Flughafen München GmbH (2004): Arbeitsstättenerhebung 2003, München

Flughafen München GmbH (2006): www.munich-airport.de

Friedrich, R., Bickel, P. (2001): Environmental external costs of transport, Springer Verlag, Berlin

Granger, C. W. J., Newbold, P. (1974): Spurious Regressions in Econometrics, in: Journal of Econometrics, Vol.2, S.111-120

Gretz-Roth, V. (1989): Input-Output-Analysen für Hessen – Methodische Konzepte und empirische Ergebnisse, in: Allgemeines Statistisches Archiv, Band 73, S. 346-366

Gretz-Roth, V, Gretz, W. (1986): Regionale Input-Output-Tabelle Hessen 1980, Wiesbaden

Hamilton, Rabinovitz, Alschuler (2001): Technical Report LAX Master Plan EIS/EIR, Los Angeles World Airports

Heuer, K., Klophaus, R., Schaper, T. (2005): Regionalökonomische Auswirkungen des Flughafens Frankfurt-Hahn für den Betrachtungszeitraum 2003 – 2015, Studie im Auftrag der Flughafen Frankfurt-Hahn GmbH, Birkenfeld

HNTB Corporation, SH&E, EDRG, Ken Weeden Associates (KWA) (2004): Virginia Public-Use Airport Economic Impact Study

Holub, H.-W., Schnabl, H. (1994): Input-Output-Rechnung: Input-Output-Tabellen, 3. Aufl., München/Wien, Oldenbourg

Houston Airport System (2003): Economic Impact Study, Houston, Texas

Hübl, L. Hohls-Hübl, U., Wegener, B., Schaffner, J. (2001): Hannover Airport – Ein Impulsgeber für die Region, Beiträge zur regionalen Entwicklung, Heft Nr. 84, Kommunalverband Großraum Hannover, Hannover

Hübl, L., Hohls-Hübl, U., Wegener, B., Kramer, J. (1994): Der Flughafen Hannover-Langenhagen als Standort- und Wirtschaftsfaktor, Beiträge zur regionalen Entwicklung Heft 42, Kommunalverband Großraum Hannover, Hannover

IFO Institut für Wirtschaftforschung (2002): Der Flughafen München und sein Umland: Grundlagenermittlung für einen Dialog, München, Bayerisches Staatsministerium für Wirtschaft, Verkehr und Technologie

INFRAS, IWW (2000): External Costs of Transport, Paris

INFRAS, IWW (1994): Externe Effekte des Verkehrs, Zürich, Karlruhe

INTRAPLAN Consult (2006A): Luftverkehrsprognose 2020 für den Flughafen München, München

INTRAPLAN Consult (2006B): Prognose der Bschäftigten auf dem Flughafengelände, München

Kluizenaar, Y. d., Passchier-Vermeer, W., Miedema, H. (2001): Adverse effects of noise exposure to health, Leiden, Netherlands Organisation of Applied Science (TNO), Prevention and Health, Division Public Health

Konopka, H. J. (2001): Der "neue" Flughafen Leipzig/Halle: die Bedeutung des Airports für luftverkehrsaffine Unternehmen, Europäischer Verlag der Wissenschaften, Frankfurt / Main

Lakshmanan, T. R., Nijkamp, P., Rietveld, P., Verhoef, E. T. (2001): Benefits, methodologies and policies, in: Papers in Regional Science, 80, S. 139-164

Leontief, W. (1986): Input-Output Economics, 2. Aufl., Oxford University Press, New York, Oxford

MacKinnon, J. G. (1991): Critical Values for Cointegration Tests, in: Engle, R. F.; Granger, C. W. J. (Hrsg.): Long-Run Economic Relationships, Oxford University Press, S. 267-276

Martin, John. C. Associates LLC (2005): The Local and Regional Economic Impacts of the Minneapolis/St. Paul International Airport, Lancaster, PA

Mediationsgruppe Flughafen Frankfurt / Main (2000): Bericht

Metroeconomica (2001): Monetary valuation of noise effects. Draft Final Report prepared for the EC UNITE Project, subcontracted to IER. Bath, UK

Metropolitan Washington Airports Authority (2002): Regional Economic Impact, Washington Dulles International and Ronald Reagan Washington National Airports

Morrison, W. I., Smith, P. (1974): Nonsurvey Input-Output Techniques at the small area level: An Evaluation, in: Journal of Regional Science, Vol. 14, No. 1, S. 1-14

Münchner Institut Bulwien und Partner (MCG) (1998): Wirtschaftsfaktor Flughafen München. Untersuchung im Auftrag der Flughafen München GmbH und des Bayerischen Staatsministeriums für Wirtschaft, Verkehr und Technologie, München

Münzenmaier, W (2001): Political consultation with the help of Input-Output Analysis – the example of Baden-Württemberg, in: Pfähler, W (ed.): Regional Input-Output Analysis, Nomos Verlagsgesellschaft, Baden-Baden

Nachbarschaftsbeirat (2005): Nachbarschaftsbeiratssitzung am 23.11. 2005, München

National Economic Research Associates (NERA) (2001): DTLR multi-criteria analysis manuel

Pagnia, A. (1992): Die Bedeutung von Verkehrsflughäfen für Unternehmungen – Eine exemplarische Untersuchung der Flughäfen Düsseldorf und Köln/Bonn für Nordrhein-Westfalen, Frankfurt M.

Pischner, R., Stäglin, R. (1976): Darstellung des um den Keynes`schen Multiplikator erweiterten offenen statischen Input-Output-Modells, Mitteilungen aus der Arbeitsmarkt- und Berufsforschung, 9. Jg., Heft 3, S.345-349

Pohnke, C. (2001): Wirkungs- und Kosten-Nutzen Analysen, Europäischer Verlag der Wissenschaften, Frankfurt / Main

Prognos AG (2002): Deutschland Report 2002 – 2020, Basel

Projektplanungsgesellschaft mbH Schönefeld (1998): Ausbau Flughafen Schönefeld: Volkswirtschaftliche Strukturanalysen

Rürup, B., Mehlinger, C., Hujer, R., Kokot, S., Zeiss, C.(2004): Einkommens- und Beschäftigungseffekte des Flughafens Frankfurt Main, Gutachten 19.1

Schipper, Y., Nijkamp, P., Rietveld, P. (1998): Why do aircraft noise value estimates differ? A meta-analysis, Journal of Air Transport Management 4, S 117-124

Schmid, S. (2003): Externe Grenz- und Gesamtkosten des Verkehrs durch Lärm und Luftschäden. Institut für Energiewirtschaft und rationale Energieanwendung, Universität Stuttgart

Schmid, S. A., Preiss, P., Gressmann, A., Friedrich, R., (2003): Gutachten zur Ermittlung der externen Kosten des Flugverkehrs am Flughafen Frankfurt/Main, Institut für Energiewirtschaft und rationale Energieanwendung, Universität Stuttgart

Schumann, J. (1975): Möglichkeiten und Bedeutung einer teilweise endogenen Erklärung des privaten Konsums und der privaten Investitionen im Statischen offenen Input-Output-Modell, Jahrbücher für Nationalökonomie und Statistik, Bd. 189, Heft 5, S. 378-410

Stahmer, C., Bleses, P., Meyer, B. (2000): Input-Output-Rechnung: Instrumente zur Politikberatung, Wiesbaden

Statistisches Bundesamt (2000): Volkswirtschaftliche Gesamtrechnung: Konten und Standardtabellen 1999, Fachserie 18, Reihe 1.3., Metzler-Poeschel, Stuttgart

Sypher: Mueller International Inc. (2004): 2004 Economic Impact of the Ottawa International Airport, Ottawa, Ontario

TRANSVER GmbH (2006): Start-/Landebahn am Flughafen München, Aktueller Sachstand, Verkehrsgutachten, Sitzung Nachbarschaftsbeirat, Februar 2006, München

Weisbrod, G. (1990): REMI and I-O Models Compared, REMI News, No. 4, Fall 1990

Weisbrod, G., Weisbrod, B. (1997): Measuring Economic Impacts of Projects and Programs, Economic Development Research Group, Boston, MA.

Winker, P. (1997): Empirische Wirtschaftsforschung, Springer Verlag, Berlin, Heidelberg

SOZIALÖKONOMISCHE SCHRIFTEN

Herausgegeben von Professor Dr. Dr. h.c. Bert Rürup

Band   1   Marietta Jass: Erfolgskontrolle des Abwasserabgabengesetzes. Ein Konzept zur Erfassung der Gesetzeswirkungen verbunden mit einer empirischen Untersuchung in der Papierindustrie. 1990.

Band   2   Frank Schulz-Nieswandt: Stationäre Altenpflege und "Pflegenotstand" in der Bundesrepublik Deutschland. 1990.

Band   3   Helmut Böhme, Alois Peressin (Hrsg.): Sozialraum Europa. Die soziale Dimension des Europäischen Binnenmarktes. 1990.

Band   4   Stephan Ruß: Telekommunikation als Standortfaktor für Klein- und Mittelbetriebe. Telekommunikative Entwicklungstendenzen und regionale Wirtschaftspolitik am Beispiel Hessen. 1991.

Band   5   Reinhard Grünewald: Tertiärisierungsdefizite im Industrieland Bundesrepublik Deutschland. Nachweis und politische Konsequenzen. 1992.

Band   6   Bert Rürup, Uwe H. Schneider (Hrsg.): Umwelt und Technik in den Europäischen Gemeinschaften. Teil I: Die grenzüberschreitende Entsorgung von Abfällen. Bearbeitet von: Thomas Kemmler, Thomas Steinbacher. 1993.

Band   7   Mihai Nedelea: Erfordernisse und Möglichkeiten einer wachstumsorientierten Steuerpolitik in Rumänien. Dargestellt am Beispiel der Textil- und Bekleidungsindustrie. 1995.

Band   8   Andreas Schade: Ganzjährige Beschäftigung in der Bauwirtschaft – Eine Wirkungsanalyse. Analyse und Ansätze für eine Reform der Winterbauförderung. 1995.

Band   9   Frank Schulz-Nieswandt: Ökonomik der Transformation als wirtschafts- und gesellschaftspolitisches Problem. Eine Einführung aus wirtschaftsanthropologischer Sicht. 1996.

Band 10   Werner Sesselmeier, Roland Klopfleisch, Martin Setzer: Mehr Beschäftigung durch eine Negative Einkommensteuer. Zur beschäftigungspolitischen Effektivität und Effizienz eines integrierten Steuer- und Transfersystems. 1996.

Band 11   Sylvia Liebler: Der Einfluß der Unabhängigkeit von Notenbanken auf die Stabilität des Geldwertes. 1996.

Band 12   Werner Sesselmeier: Einkommenstransfers als Instrumente der Beschäftigungspolitik. Negative Einkommensteuer und Lohnsubventionen im Lichte moderner Arbeitsmarkttheorien und der Neuen Institutionenökonomik. 1997.

Band 13   Stefan Lorenz: Der Zusammenhang von Arbeitsgestaltung und Erwerbsleben unter besonderer Berücksichtigung der Erwerbstätigkeiten von Frauen und Älteren. 1997.

Band 14   Volker Ehrlich: Arbeitslosigkeit und zweiter Arbeitsmarkt. Theoretische Grundlagen, Probleme und Erfahrungen. 1997.

Band 15   Philipp Hartmann: Grenzen der Versicherbarkeit. Private Arbeitslosenversicherung. 1998.

Band 16   Martin Setzer, Roland Klopfleisch, Werner Sesselmeier: Langzeitarbeitslose und Erster Arbeitsmarkt. Eine kombinierte Strategie zur Erhöhung der Wiederbeschäftigungschancen. 1999.

Band 17   Dorothea Wenzel: Finanzierung des Gesundheitswesens und Interpersonelle Umverteilung. Mikrosimulationsuntersuchung der Einkommenswirkung von Reformvorschlägen zur GKV-Finanzierung. 1999.

Band 18   Ingo Schroeter: Analyse und Bewertung der intergenerativen Verteilungswirkungen einer Substitution des Umlage- durch das Kapitalstockverfahren zur Rentenfinanzierung. 1999.

www.peterlang.de

Peter Lang · Internationaler Verlag der Wissenschaften

Ernst Mönnich

Erklärungsansätze regionaler Entwicklung und politisches Handeln

Kritik und regionalökonomische Konsequenzen

Frankfurt am Main, Berlin, Bern, Bruxelles, New York, Oxford, Wien, 2004.
473 S., zahlr. Abb. und Tab.
Strukturwandel und Strukturpolitik. Herausgegeben von Wolfram Elsner. Bd. 10
ISBN 978-3-631-52827-3 · br. € 74.50*

Warum schrumpft die Wertschöpfung vieler altindustrialisierter und peripherer Regionen? Weshalb können andere Regionen sich dynamisch entwickeln oder aufholen? Welche Rezepte der regionalen Strukturpolitik finden eine solide theoretische Basis und einen empirischen Erfolgsnachweis? Diese zentralen Fragen regionaler Wirtschaftsförderung in offenen Märkten Europas werden im systematischen Theorievergleich diskutiert. Auswertungen praktizierter regionaler Strukturpolitik und zwei Fallstudien regionaler Entwicklung (München, Bremen) schließen sich an. Den Abschluss bildet ein adaptives Modell regionaler Entwicklung als Konzept einer humankapitalorientierten endogenen Strategie. Dieser Entwurf stellt eine Alternative zur kaum wirksamen neoklassischen Förderpolitik durch Investitionsanreize dar.

Aus dem Inhalt: Basishypothesen regional-differenzieller Entwicklung · Absolute und komparative Kostenvorteile (Handelstheorie) · Gesetze raumstruktureller wirtschaftlicher Entwicklung · Regionale Innovationstheorien · Sektorentheorien im regionalen Kontext · Humankapitaltheorien · Erfahrungen der regionalen Strukturpolitik im Quervergleich und in Fallstudien · Regionalökonomische Konsequenzen: Hypothesen zu einem adaptiven Modell regionaler Entwicklung

Frankfurt am Main · Berlin · Bern · Bruxelles · New York · Oxford · Wien
Auslieferung: Verlag Peter Lang AG
Moosstr. 1, CH-2542 Pieterlen
Telefax 00 41 (0) 32 / 376 17 27

*inklusive der in Deutschland gültigen Mehrwertsteuer
Preisänderungen vorbehalten
Homepage http://www.peterlang.de